AF283483

Firma y facturación electrónica. ADGN145PO

Yolanda López Benítez

ic editorial

Firma y facturación electrónica. ADGN145PO
© Yolanda López Benítez

1ª Edición

© IC Editorial, 2025

Editado por: IC Editorial
c/ Cueva de Viera, 2, Local 3
Centro Negocios CADI
29200 Antequera (Málaga)
Teléfono: 952 70 60 04
Fax: 952 84 55 03
Correo electrónico: iceditorial@iceditorial.com
Internet: www.iceditorial.com

ISBN: 978-84-1184-569-4
Depósito Legal: MA 104-2025

Impresión: PODiPrint
Impreso en Andalucía – España

Nota de la editorial: IC Editorial pertenece a Innovación y Cualificación S. L.

Especialidad formativa

Se entiende por especialidad formativa la agrupación de contenidos, competencias profesionales y especificaciones técnicas que responde a un conjunto de actividades de trabajo enmarcadas en una fase del proceso de producción y con funciones afines.

Las especialidades formativas de Uso General, Formación Complementaria, Formación Modular y las especialidades formativas dirigidas a la obtención de certificados de profesionalidad se incluyen en el Fichero de Especialidades del Servicio Público de Empleo Estatal para su gestión en todo el territorio nacional por cualquier Administración competente.

Las especialidades complementarias, pertenecen todas a la Familia profesional de Formación Complementaria (FCO) y tienen la consideración de formación transversal en áreas que se consideran prioritarias tanto en el marco de la Estrategia Europea para el Empleo y del Sistema Nacional de Empleo como en las directrices establecidas por la Unión Europea. Se consideran áreas prioritarias las relativas a tecnologías de la información y la comunicación, la prevención de riesgos laborales, la sensibilización en medio ambiente, la promoción de la igualdad, la orientación profesional y aquellas otras que se establezcan por la Administración competente.

Las especialidades de Certificado de profesionalidad tienen una duración especificada en su normativa reguladora.

En el resultado de la búsqueda, se muestran las unidades de competencia, todos los módulos formativos con su duración y las unidades formativas del certificado correspondiente, con su duración. Las horas del certificado, exclusivo de las especialidades de certificado de profesionalidad, con alta igual o superior a 2008, son las horas totales más las horas del módulo de Prácticas Profesionales no Laborales.

➲ **Si la especialidad tiene unidades formativas,** las horas totales, presencial, distancia, teleformación serán igual a la suma de esas horas de las unidades formativas de los distintos módulos, sin que se repita ninguna Unidad formativa.

⮑ **Si la especialidad no tiene unidades formativas,** las horas totales, presencial, distancia, teleformación serán igual a las sumas de esas horas de los módulos formativos, eliminando las horas de los módulos repetidos.

https://sede.sepe.gob.es/especialidadesformativas/RXBuscadorEFRED/BusquedaEspecialidades.do

(Fuente: Servicio Público de Empleo Estatal)

Índice

Unidad de aprendizaje 5
La facturación electrónica

OBJETIVOS GENERALES

Los objetivos generales de **Firma y facturación electrónica. ADGN145PO,** son:

⊃ Implantar la factura electrónica en la empresa, utilizar la firma y el certificado electrónico conforme a la normativa vigente.

⊃ Abordar los elementos clave para la utilización de servicios electrónicos y comprender el contexto legal en el que quedan regulados.

⊃ Conocer en profundidad el concepto de firma electrónica y todos aquellos elementos relacionados, a fin de establecer una fuerte base teórica que permita la posterior implantación.

⊃ Reconocer los requerimientos básicos del negocio para abordar la conveniencia de algunos aspectos relativos a la firma electrónica y los diferentes formatos de esta, a fin de poder decidir acertadamente qué solución de firma electrónica implantar en un negocio y bajo qué plataforma.

⊃ Afrontar todos los aspectos relativos al certificado electrónico como elemento imprescindible para implantar una solución eficaz de firma electrónica.

⊃ Poner en valor la implantación de la factura electrónica en empresas, abordando todos los aspectos relevantes relativos a la facturación electrónica, así como sus requisitos. También tratar las garantías que ofrece la factura electrónica tanto para el emisor como para el receptor de la misma, e igualmente las obligaciones de estos en el procedimiento de facturación, valorando diferentes escenarios en el contexto de la facturación digital.

Introducción a la firma y facturación electrónica

Contenido

Objetivos

El objetivo general de esta Unidad de Aprendizaje es:

→ Abordar los elementos clave para la utilización de servicios electrónicos y comprender el contexto legal en el que quedan regulados.

Los objetivos específicos de esta Unidad de Aprendizaje son:

→ Saber describir los conceptos de firma y facturación electrónica.

→ Exponer las diferencias entre firma electrónica y certificado electrónico.

→ Conocer las entidades de certificación.

→ Identificar el marco legal que regulan la factura y firma electrónica.

1. Introducción

La **4.ª Revolución Industrial** impulsada por la evolución tecnológica ha transformado la forma de comunicarnos y relacionarnos. Esta **transformación digital** también ha repercutido en aquellos aspectos administrativos donde ya es posible **interactuar** por medio de **dispositivos tecnológicos** de manera segura.

Los **trámites** *online* toman protagonismo en una sociedad cada vez más digitalizada y son también las empresas las que aprovechan este ecosistema para contar con **procesos** más **eficaces** y **eficientes.**

A lo largo de esta unidad conocerás este nuevo campo digital, que queda soportado en un **marco jurídico** que trata de regular todas aquellas intervenciones donde se haga uso de este tipo de tecnología, aportando las **garantías normativas** necesarias para que estos sistemas electrónicos sean implantados con total normalidad.

Para el desarrollo del contenido, nos basaremos en el caso de Gala, una joven emprendedora deseosa de poder poner en marcha alguna de sus ideas creativas como fórmula exitosa de negocio.

2. Introducción: la firma y facturación electrónica como herramientas digitales

☞ HILO CONDUCTOR

Gala aún no ha terminado sus estudios de diseño urbano ambiental, sin embargo, esto no es excusa para iniciarse en el mundo de los negocios. Actualmente acude a todos aquellos eventos *online* donde tiene cabida esta temática. La joven está dispuesta a levantar su propia empresa y así poder crear espacios innovadores donde el diseño urbano influya positivamente en la sociedad. Acaba de recibir un correo electrónico en el que se le informa de un próximo evento cercano a su localidad y donde por primera vez darán cita a diseñadores expertos reconocidos mundialmente, para tratar cuestiones tan importantes como la sostenibilidad. Pero la inscripción será a través de portal electrónico de la empresa organizadora. Gala tendrá que acreditar cierta documentación y firmar electrónicamente dicha solicitud. Para Gala es todo un reto, pues desconoce el

Continúa en página siguiente >>

<< Viene de página anterior

funcionamiento telemático de este tipo de gestiones, pero no quiere perder la oportunidad de poder ver y charlar con referentes mundiales del sector.

En el contexto de la rutina diaria de los ciudadanos y de las empresas, cada vez es más habitual el uso de herramientas digitales y la automatización de procesos documentales que aporten ligereza a todo tipo de transacciones.

La sociedad admite con mayor facilidad el aumento de nivel de virtualización en muchos aspectos cotidianos. Este **incremento de digitalización** proporciona numerosos beneficios que son rápidamente absorbidos por la colectividad, pero donde la seguridad debe ser extremadamente rigurosa.

La implementación de cualquier sistema electrónico debe tener integrado técnicas de seguridad digital.

Sin embargo, toda esta transformación exige que muchos procedimientos administrativos telemáticos deban asegurar la fiabilidad de los mismos desde su origen hasta su culminación. Por ello surgen estas nuevas fórmulas que descubrirás a continuación.

En esta unidad conocerás los aspectos básicos de dos conceptos transformadores de procesos: la **firma** y la **facturación electrónica.**

Firma y facturación electrónica

2.1. La firma electrónica

La **firma electrónica** es un procesamiento electrónico de datos que, ligado a un documento digital, da como resultado su firma electrónica. Cuenta con **eficacia jurídica** y presta **servicios de verificación:**

Funcionalidades de la firma electrónica		
Garantizar la integridad del documento	**Garantizar el no repudio de la firma**	**Identificar al firmante**
- Permitir la identificación de la identidad firmante, ya sea persona física o jurídica	- Dotar de protección y seguridad al documento firmado electrónicamente, permaneciendo este íntegro e inalterable, no pudiendo ser manipulable con posterioridad.	- Garantizar que, una vez firmado electrónicamente, el documento no pueda ser repudiado por el firmante, no posibilitando así la opción de no reconocerlo con posterioridad.

2.2. Las entidades de certificación

Ya conoces en líneas muy generales qué es una firma electrónica, pero es posible que te preguntes quiénes prestan los **servicios de certificación.**

En España al igual que ocurre en muchos otros países que tienen implementados similares sistemas electrónicos, se designan **entidades de certificación** o **prestadores de servicios electrónicos de confianza** cuyas funciones pueden ser:

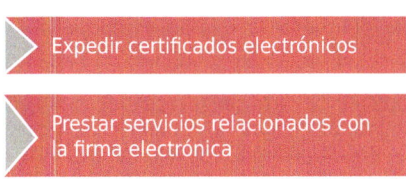

Expedir certificados electrónicos

Prestar servicios relacionados con la firma electrónica

Una **entidad de certificación** puede ser una **persona física o jurídica,** establecida en España (Inscrita en el Registro mercantil) o con un establecimiento permanente situado en el país, **habilitada para expedir certificados electrónicos o bien prestar servicios de firma electrónica.**

Las obligaciones, responsabilidades y limitaciones de los prestadores de servicios de certificación vienen explicados en los artículos 9, 10 y 11 de **la Ley 6/2020, de 11 de noviembre, reguladora de determinados aspectos de los servicios electrónicos de confianza.**

 ## ACTIVIDAD COMPLEMENTARIA

1. Identifica el sitio web de una Administración pública, donde se ofrezca la posibilidad a los usuarios de acceder a diversos servicios mediante acceso electrónico.

   Incluye un pantallazo del sitio, y no olvides referenciar la fuente de donde hayas extraído la imagen.

Sin embargo, para liderar la prestación de servicios de certificación, la Administración encabezada por la **Fábrica Nacional de Moneda y Timbre —Real Casa de la Moneda (FNMT-RCM)—** propone a un organismo denominado **CERES** como **entidad pública de certificación,** y cuya finalidad principal será la de garantizar la confidencialidad de las personas, empresas, Administraciones, organizaciones e instituciones en todas y cada una de las comunicaciones o relaciones establecidas por medio de estos sistemas electrónicos de certificación.

- CERES emite certificados reconocidos por gran parte de la Administración pública y brinda los servicios de certificación a empresas públicas y privadas atendiendo a los principios de la seguridad informática y de la información.

2.3. Certificado electrónico

Pero para que la firma electrónica de un documento sea posible, es imprescindible contar con un certificado digital o **certificado electrónico,** convirtiéndose este en la base sobre la que se sustentará la firma.

 **DEFINICIÓN**

Certificado electrónico
Es aquel certificado digital (también puede ser un DNI electrónico) que valida la identificación inequívoca de su depositario mediante dos claves de seguridad. En otras palabras, el certificado electrónico confirma la identidad y certifica que la firma electrónica de un documento corresponde a una persona física o jurídica concreta.

- -

 **NOTA**

El certificado electrónico es expedido por el prestador de servicios de certificación, también llamado autoridad de certificación. Cada certificado electrónico tiene asignado un número exclusivo de serie y cuenta con un periodo de validez reflejado en el propio certificado.

- -

El DNI electrónico es un certificado electrónico expedido por la autoridad de certificación, que en este caso es la DGP (Dirección General de la Policía) y con el cual es posible firmar electrónicamente documentos con validez jurídica.

 **APLICACIÓN PRÁCTICA**

Manuel acaba de finalizar un proyecto cuyo objetivo es conseguir mejorar el posicionamiento web y otros aspectos de *marketing* digital del ayuntamiento de su localidad. Para presentar la factura correspondiente, la Administración le exige que, para beneficiarse de la reducción de IRPF, tendrá que justificar que no lleva más de dos años desarrollando la actividad bajo un epígrafe en particular. Para Manuel, es complicado porque tendrá que dedicar el tiempo que no tiene en ir a la Delegación de Hacienda más cercana y desconoce si para obtener este certificado tendrá que esperar un plazo. ¿Podrías ayudar a Manuel con las alternativas que tiene para agilizar este trámite?

Solución

El problema de Manuel es que no quiere dedicar tiempo en dirigirse a la Agencia Tributaria para solicitar el certificado exigido por el ayuntamiento. Para este tipo de trámite, es posible solicitar y acceder telemáticamente a numerosos documentos administrativos personales por medio de un certificado electrónico, permitiéndole acceder a su carpeta ciudadana en la que se incluyen certificados como el solicitado.

Sin embargo, y para este caso, la funcionalidad de la firma electrónica estaría orientada a haber podido presentar su proyecto a un tercero telemáticamente. Con este trámite, se cumpliría: la identificación de Manuel, la inalterabilidad del proyecto y el no repudio del mismo, dando garantías de fiabilidad de entrega y recepción tanto a Manuel como al propio ayuntamiento. La opción b) no sería muy profesional y probablemente tampoco una medida aceptada por un organismo público.

2.4. Facturación electrónica

Otro instrumento transformador, pero en este caso para las organizaciones, Administraciones y empresas, es la denominada facturación electrónica.

 **DEFINICIÓN**

Facturación electrónica

Equivale funcionalmente a una factura física. Los documentos son firmados digitalmente mediante un certificado válido y son transmitidos telemáticamente desde el dispositivo informático del emisor hacia otro del receptor.

- -

Lo verdaderamente importante de la facturación electrónica es que cumple con todas las garantías y requisitos para que la factura sea considerada **objeto tributario del emisor.**

La facturación electrónica es simplemente una factura común que se emite y se recibe en un formato digital o electrónico.

 **NOTA**

La facturación electrónica podrá tener una atribución legal similar a la factura física si existe el consentimiento tanto del emisor como del receptor.

- -

3. Marco legal

 **HILO CONDUCTOR**

El interés de Gala por asistir a tal evento la obliga a dedicar algo de tiempo en entender qué requerimientos de inscripción son exigidos por la empresa organizadora para tratar de solucionar el tema lo antes posible. Parece que

Continúa en página siguiente >>

<< Viene de página anterior

cumple con las condiciones exigidas, pero no dispone de certificado electrónico para poder firmar digitalmente dicha solicitud. Tendrá que aligerarse en realizar los trámites necesarios para no perder la oportunidad de asistir a este importante acontecimiento.

Como ya sabes, la facturación electrónica tiene **validez jurídica** prevista en la ley, aunque en el caso de la firma cualificada esta será reconocida con los mismos derechos y obligaciones de una firma manuscrita.

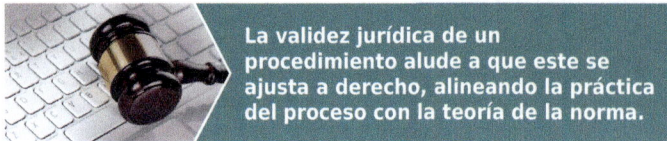

La validez jurídica de un procedimiento alude a que este se ajusta a derecho, alineando la práctica del proceso con la teoría de la norma.

A continuación vas a conocer el marco jurídico que regula ambos procedimientos.

3.1. Normas que regulan la factura y firma electrónica

La normativa básica que regula la firma electrónica en España está recogida en la siguiente Ley:

Ley 6/2020, de 11 de noviembre, reguladora de determinados aspectos de los servicios electrónicos de comercio

https://redirectoronline.com/adgn145po0100

La factura electrónica es la versión digital de la factura en papel. Esta afirmación no es fruto de ningún ingenio, sino que estuvo respaldada durante un largo periodo de tiempo dentro de un marco legal específico con la Ley 59/2003, de 19 de diciembre, de firma electrónica, ya derogada.

Por otra parte, la **normativa** básica que regula la **facturación electrónica** está recogida en la siguiente ley:

Ley 25/2013, de 27 de diciembre, de impulso de la factura electrónica y creación del registro contable de facturas en el sector público.

 NOTA

Posteriormente de la aprobación de esta norma, se ha ido desarrollando un plan de regulación normativa que tiene por objeto impulsar la factura electrónica y la creación de un registro contable en el sector público. Esto permite disminuir la morosidad de las Administraciones, entre otros muchos objetivos.

 PARA SABER MÁS

Con la publicación de la Ley 18/2022, de 28 de septiembre, de creación y crecimiento de empresas, se perfiló la obligatoriedad de expedir y emitir factura electrónica. Accede a la siguiente noticia que habla de ello:

https://redirectoronline.com/adgn145po0102

3.2. La Ley 6/2020

Mientras estuvo en vigor el anterior marco legal español, significó que de la Ley 59/2003 emanó un contenido legislativo que venía a regular parcialmente directrices europeas. Ahora y con idea de dejar resueltas ciertas lagunas legales y alinear las prácticas con las directrices de todos los países de la Unión, entró en acción la nueva normativa del 11 de noviembre anteriormente mencionada.

No obstante desde el año 1999, ya fue posible utilizar la firma electrónica en nuestro país. Por entonces era el Real Decreto-Ley 14/1999, de 17 de septiembre, sobre firma electrónica, el que regulaba su uso en España. Este Real Decreto quedó parcialmente derogado (transposición) con la aprobación de la también derogada Ley 59/2003.

La actual Legislación vigente, tiene por objeto regular aspectos relacionados con los servicios electrónicos de confianza, y sirve además de complemento al Reglamento (UE) n.º 910/2014 del Parlamento Europeo y del Consejo, de 23 de julio de 2014, relativo a la identificación electrónica y los servicios de confianza para las transacciones electrónicas en el mercado interior y por el que se deroga la Directiva 1999/93/CE.

Aunque este reglamento, junto con la Ley 6/2020, regulan la firma electrónica, aún conviven algunas normativas europeas y estatales relacionadas con la firma electrónica:

EUROPA

- **Directiva 2000/31/CE** del Parlamento Europeo y del Consejo, de 8 de junio de 2000, relativa a determinados aspectos jurídicos de los servicios de la sociedad de la información, en particular el comercio electrónico en el mercado interior (Directiva sobre el comercio electrónico).

ESPAÑA

- **Ley 34/2002,** de 11 de julio, de servicios de la sociedad de la información y de comercio electrónico.
- **Ley 56/2007,** de 28 de diciembre, de Medidas de Impulso de la Sociedad de la Información.

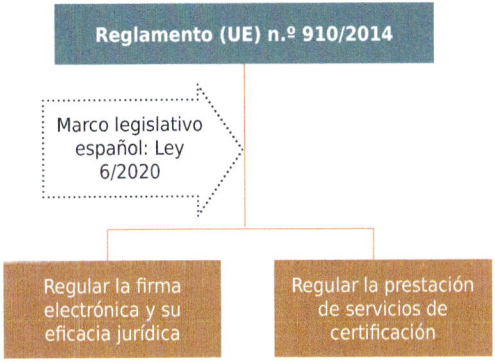

PARA SABER MÁS

Accede a los siguientes enlaces para conocer la normativa anterior:

Reglamento (UE) n.º 910/2014 del Parlamento Europeo y del Consejo, de 23 de julio de 2014, relativo a la identificación electrónica y los servicios de confianza para las transacciones electrónicas en el mercado interior y por el que se deroga la Directiva 1999/93/CE.

Directiva 2000/31/CE del Parlamento Europeo y del Consejo, de 8 de junio de 2000, relativa a determinados aspectos jurídicos de los servicios de la sociedad de la información, en particular el comercio electrónico en el mercado interior (Directiva sobre el comercio electrónico)

https://redirectoronline.com/adgn145po0103

https://redirectoronline.com/adgn145po0104

Continúa en página siguiente >>

<< Viene de página anterior

Ley 34/2002, de 11 de julio, de servicios de la sociedad de la información y de comercio electrónico	Ley 56/2007, de 28 de diciembre, de Medidas de Impulso de la Sociedad de la Información

https://redirectoronline.com/adgn145po0105	*https://redirectoronline.com/adgn145po0106*

3.3. Aplicaciones: FACe (Punto General de Entrada de Facturas de la Administración General del Estado)

Tal y como la normativa indica, es posible la utilización de la firma electrónica para realizar gestiones en las Administraciones Públicas, aunque es probable que te encuentres alguna limitación de cara a la seguridad de la información.

También las empresas y profesionales pueden beneficiarse de sistemas telemáticos, y es la Administración pública quien facilita cómodos trámites a sus proveedores mediante la **facturación electrónica.**

Para facilitar estos procesos existe un portal proveedor para la presentación de facturas llamado **FACe (Punto General de Entrada de Facturas Electrónicas de la Administración General del Estado).** Se considera el punto general de entrada de facturas de la Administración pública y sirve de punto de conexión de todos aquellos organismos de las administraciones que tienen la obligación de recibir facturas electrónicas según la ley.

FACe presta servicio a:

Los proveedores
FACe proporciona servicios a los proveedores para que estos puedan realizar correctamente el envío de sus facturas electrónicas:
- Disponen de un portal web para presentar la facturación.
- Se les facilita una interfaz para el envío automatizado de la facturación.
- Se les proporciona un formato único de factura.
- Se les proporciona una numeración en cada registro para tener control y acceso al proceso de cobro.
- Se les brinda la posibilidad de anular las facturas.
- Disponen de un buscador de puntos de entrada de facturas de otras Administraciones públicas.
- Acceso de repositorio de facturas dirigidas a la Administración que incumplen con algún aspecto de la ley.

Las Administraciones públicas
Por otra parte, las Administraciones públicas disponen de:
- Una plataforma en la nube para poder almacenar y gestionar todas las facturas electrónicas recibidas.
- Una interfaz que permite la gestión y descarga automática de facturas para su contabilización y liquidación.

Gracias a aplicaciones como estas, las relaciones y trámites *online* relacionados con la facturación digital son mucho más eficaces.

 TAREA 1

Gabriela es empleada de Hierros Jota, S. L. asiste a una primera jornada del curso Firma digital y facturación electrónica. La idea es poder transmitir al departamento contable al que pertenece todos aquellos aspectos clave para poner en práctica todo lo aprendido.

Sus compañeros le preguntan sobre el contenido del curso, a lo que ella responde que, en esta primera sesión, se han explicado conceptos básicos que serán de gran utilidad para el desarrollo de curso. Gabriela quiere redactar en un resumen toda aquella información relevante que pueda ayudar a sus compañeros, ya que el objetivo final es implantar un sistema telemático en la empresa que

Continúa en página siguiente >>

<< Viene de página anterior

permita agilizar trámites y aumentar la gestión y el control contable de todos los trabajos realizados para la administración.

Con estos datos, ayuda a Gabriela resumiendo el contenido hasta ahora visto y donde aclararás aspectos como:

- Saber describir los conceptos de firma y facturación electrónica.
- Exponer las diferencias entre firma electrónica y certificado electrónico.
- Conocer las entidades de certificación.
- Identificar el marco legal que regula la factura y firma electrónica.

4. Resumen

Con la **firma electrónica** asociada a un documento digital, será posible **identificar al firmante,** garantizar la **integridad del documento** firmado digitalmente y garantizar el **no repudio** de la firma electrónica.

Para que alguien pueda disponer de una firma electrónica, es necesario que una **entidad preste servicios de certificación.**

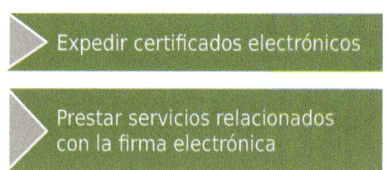

Expedir certificados electrónicos

Prestar servicios relacionados con la firma electrónica

Para liderar la prestación de servicios de certificación, la Administración encabezada por la Fábrica Nacional de Moneda y Timbre —Real Casa de la Moneda (FNMT-RCM)— propone a un organismo denominado CERES como entidad pública de certificación.

Estas entidades serán las encargadas de expedir el **certificado electrónico** que servirá de vehículo para que pueda realizarse la firma electrónica. Sin este certificado, no sería posible la firma electrónica.

> El certificado electrónico valida la identificación inequívoca de su depositario mediante dos claves de seguridad ofreciendo garantía de seguridad informática y de la información.

Otro instrumento transformador, pero en este caso para las organizaciones, Administraciones y empresas, es la denominada **facturación electrónica,** la cual es una **atribución legal** similar a la factura física si existe el consentimiento tanto del emisor como del receptor. Cumple con todas las garantías y requisitos para que la factura sea considerada **objeto tributario del emisor.**

Además, la Administración pública propone que empresas y profesionales puedan beneficiarse de este sistema telemático, que ofrece grandes garantías a proveedores de servicios de organismos públicos. Todos estos procesos de facturación electrónica son gestionados por **FACe** (**Punto General de Entrada de Facturas Electrónicas de la Administración General del Estado**), que ofrece servicios de gestión independiente a proveedores y Administraciones acogidas al sistema obligado por ley.

Ejercicios de autoevaluación
Unidad de Aprendizaje 1

1. Indica si las siguientes afirmaciones son verdaderas o falsas:

    a. La transformación digital también ha repercutido en aquellos aspectos administrativos donde ya es posible interactuar por medio de dispositivos tecnológicos de manera segura.

- Verdadero
- Falso

    b. La implementación de cualquier sistema electrónico o trámite online debe tener integradas técnicas de seguridad digital.

- Verdadero
- Falso

    c. Los procedimientos administrativos telemáticos no tienen por qué asegurar la fiabilidad de los mismos.

- Verdadero
- Falso

2. La firma electrónica es:

    a. Un procesamiento electrónico de datos que, ligado a un documento digital público, da como resultado su firma electrónica. Cuenta con eficacia jurídica y presta servicios de verificación.

    b. Un procesamiento electrónico de datos que, ligado a un documento digital, da como resultado su firma electrónica. Cuenta con eficacia jurídica y presta servicios de verificación.

    c. Un procesamiento electrónico de datos que, ligado a un documento digital, da como resultado su firma electrónica. No cuenta con eficacia jurídica, pero presta servicios de verificación.

    d. Todas las opciones son incorrectas.

3. Las entidades de certificación pueden...

    a. ... expedir certificados electrónicos.

    b. ... prestar servicios relacionados con la firma electrónica.

c. ... expedir certificados electrónicos o prestar servicios relacionados con la firma electrónica.

d. Todas las opciones son incorrectas.

4. CERES es una entidad de certificación...

a. ... pública.

b. ... privada.

c. No es una entidad de certificación.

d. ... extranjera.

5. Un DNI electrónico es:

a. Un tipo de certificado electrónico.

b. Un tipo de firma electrónica.

c. Simplemente el último formato de documento nacional de identidad.

d. Todas las opciones son incorrectas.

6. El certificado electrónico es aquel certificado digital que valida la identificación inequívoca de su depositario mediante...

a. ... una clave de seguridad.

b. ... dos claves de seguridad.

c. ... tres claves de seguridad.

d. ... cuatro claves de seguridad.

7. Un certificado digital es expedido por...

a. ... una autoridad de certificación.

b. ... un prestador de servicios de certificación.

c. ... una entidad de certificación.

d. Todas las opciones son correctas.

8. La norma reguladora de determinados aspectos de los servicios electrónicos de confianza es:

a. La Ley 6/2020 de 11 de noviembre.

b. La Ley 6/2003 de 11 de noviembre.

    c. La Ley 59/2003 de 19 de diciembre.
    d. La Ley 59/2020 de 19 de diciembre.

9. La norma que regula la facturación electrónica es:

    a. La Ley 25/2015, de 27 de diciembre, de impulso de la factura electrónica y creación del registro contable de facturas en el sector público.
    b. La Ley 25/2015, de 30 de diciembre, de impulso de la factura electrónica y creación del registro contable de facturas en el sector público.
    c. La Ley 25/2013, de 27 de diciembre, de impulso de la factura electrónica y creación del registro contable de facturas en el sector público.
    d. La Ley 25/2011, de 27 de diciembre, de impulso de la factura electrónica y creación del registro contable de facturas en el sector público.

10. ¿Qué es el portal FACe?

    a. El Punto General de Entrada de Facturas de la Administración Autonómica de Andalucía.
    b. El Punto Específico de Entrada de Facturas de las Administraciones Locales.
    c. El Punto General de Entrada de Facturas Electrónicas de la Administración pública.
    d. Todas las opciones son incorrectas.

La firma electrónica

Contenido

Objetivos

El objetivo general de esta Unidad de Aprendizaje es:

→ Conocer en profundidad el concepto de firma electrónica y todos aquellos elementos relacionados, a fin de establecer una fuerte base teórica que permita la posterior implantación.

Los objetivos específicos de esta Unidad de Aprendizaje son:

→ Identificar la tecnología asociada a la firma electrónica y entender su funcionalidad.

→ Distinguir los tipos de firma electrónica.

→ Saber distinguir los dispositivos externos de firma electrónica.

1. Introducción

Gracias a la **democratización de las tecnologías,** ha sido posible que las sociedades apuesten por nuevas maneras de **relacionarnos** con las **Administraciones Públicas**. También, y en relación a las empresas, esta innovación tecnológica ha generado **nuevos modelos de negocios** basados en el **comercio electrónico.** En este sentido, el propio Estado, atendiendo a las exigencias comunitarias, prioriza en aspectos tan importantes como la **seguridad y la garantía** que, desde un punto de vista técnico, aporta la **firma de documentos** vía electrónica.

Esta unidad tratará de aclarar todas estas cuestiones y clarificará aspectos de la utilidad práctica de la firma electrónica y otros elementos que facilitarán su implantación.

Para el desarrollo del contenido, nos seguiremos basando en el caso de Gala, una joven emprendedora deseosa de poder poner en marcha alguna de sus ideas creativas como fórmula exitosa de negocio.

2. Concepto de firma electrónica

☞ **HILO CONDUCTOR**

Accidentalmente, Gala se encuentra con un compañero de la facultad y en la conversación surge el tema del evento. Ella le pregunta a su amigo Andrés si alguna vez ha realizado este tipo de trámites: firmar electrónicamente una solicitud. Andrés le comenta que, efectivamente, es una fórmula que comienzan a utilizar las organizaciones, y aunque probablemente acepten otros procedimientos de entrega, la propuesta indicada agilizará los trámites de inscripción y tendrá más oportunidades para entrar en el cupo de asistentes.

Aunque ya tienes capacidad para definir básicamente el concepto de **firma electrónica,** hay aspectos relativos a ella que te ayudarán a comprender mucho mejor su utilidad.

En los siguientes apartados profundizarás en este sistema telemático que hará que la veas como una **herramienta muy útil.**

2.1. Aspectos básicos de la firma electrónica acorde a la normativa

Seguro que te acuerdas de la normativa que regula la firma electrónica en España, Ley 6/2020, de 11 de noviembre. Pero ¿cuáles son entonces los aspectos básicos que se introdujeron en esta norma?

 EJEMPLO

Un ejemplo de ello es que la ley actual posibilita de nuevo el uso de certificados electrónicos para empresas o cualquier tipo de persona jurídica, habiéndose restringido esta opción con el anterior Real Decreto-Ley 14/1999.

Sin embargo, hay otras cuestiones también muy importantes que debes conocer.

El siguiente artículo resume las principales novedades aportadas por esta ley. Haz clic en el título y léelo atentamente.

https://redirectoronline.com/adgn145po0201

2.2. Proceso de firma cualificada

Como has podido observar con el anterior recurso, en dicho artículo se exponen primicias que la Ley 6/2020 aporta. Pero has de saber también que se distinguen **tres tipos de firma electrónica:**

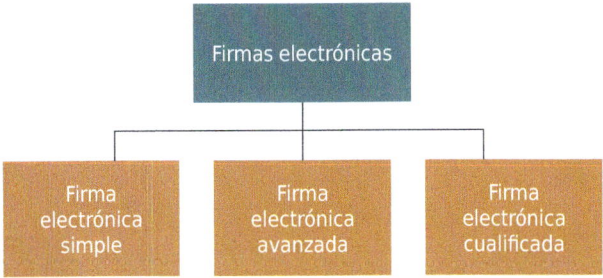

Sin embargo, en este momento, te centrarás en esta última, la **firma electrónica cualificada,** y así conocerás **el proceso para firmar electrónicamente** documentos con validez **jurídica.** De esta manera entenderás con posterioridad la magnitud e importancia de la puesta en práctica de documentos firmados electrónicamente mediante este procedimiento.

 **DEFINICIÓN**

Firma cualificada

Según el Reglamento (UE) n.º 910/2014, la firma electrónica cualificada *es una firma electrónica avanzada que se crea mediante un dispositivo cualificado de creación de firmas electrónicas y que se basa en un certificado cualificado de firma electrónica.*

Veamos ahora desde un enfoque global, en qué consiste el **proceso de firma cualificada.**

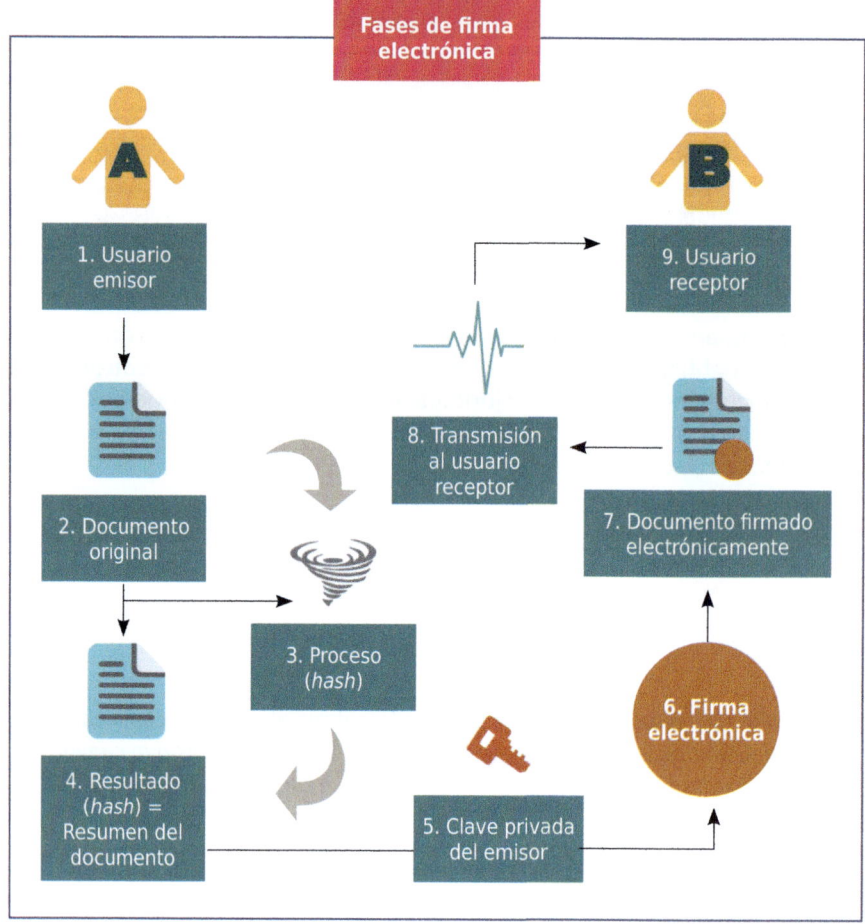

2.3. Utilidad de la firma electrónica

A través del proceso de firma electrónica, es posible resolver **numerosos trámites** importantes de la Administración pública, también otros tantos privados. En su conjunto son trámites que sin duda alguna suponen un gran impulso hacia una **gestión global innovadora.**

A continuación tienes algunos ejemplos de los trámites más comunes que pueden realizarse con las Administraciones, resolviéndolos fácilmente con la firma electrónica.

Ejemplos de trámites administrativos con firma electrónica

- Presentar la declaración de la renta.
- Pago de tasas e impuestos y cualquier registro electrónico.
- Atender el pago de infracciones de tráfico, consultar puntos del carné de conducir.
- Obtener la Vida Laboral.
- Obtener cita con los Servicios de Empleo.
- Pedir cita médica.
- Obtener cita para la renovación del pasaporte o documento nacional de identidad.
- Solicitar la tarjeta sanitaria europea.
- Presentar hojas de reclamaciones.
- Obtener cita para la ITV.
- Obtener el certificado de defunción de un familiar.
- Obtener certificado de nacimiento.
- Obtener certificado de matrimonio, de antecedentes penales, etc.
- Firmar correos electrónicos y documentos PDF.

2.4. El documento electrónico

Fíjate bien en este detalle:

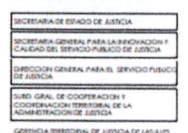

Muestra del código de verificación (CSV) de una firma electrónica.

IMPORTANTE

El documento electrónico final que recibe el receptor una vez pasado por todo el proceso es lo que se denomina firma electrónica. Habitualmente este documento final tiene impreso a pie de página o en el lateral, un código a través del cual es posible verificar una copia impresa con su original electrónico.

- -

3. Elementos de la firma electrónica

☞ **HILO CONDUCTOR**

Gala siente curiosidad por conocer la funcionalidad que ofrece la firma electró-nica. Además de permitirle inscribirse en este evento en particular, hay muchos otros trámites que podrá realizar. Pero su espíritu inquieto le lleva a investigar qué elementos de seguridad tiene este magnífico invento.

Por la **funcionalidad de la firma electrónica,** tendrá **técnicamente** que contar con elementos que **garanticen la viabilidad** de todo el proceso.

A continuación vas a conocer qué fórmulas de seguridad informática y de la información hacen que este instrumento sea seguro.

La tecnología de seguridad informática de la firma electrónica garantiza la privacidad, confidencialidad y seguridad del documento firmado electrónicamente.

3.1. Sistemas criptográficos asimétricos o de clave pública

Ya en época egipcia, la elaboración de jeroglíficos aplicaba técnicas **cripto-gráficas.** Sin embargo, hoy en día no es posible hablar de seguridad infor-mática, y mucho menos de la efectividad de la firma electrónica, sin enten-der antes este concepto.

 **DEFINICIÓN**

Criptografía

Ciencia especializada que estudia el conjunto de propiedades ocultas de un mensaje cifrado para proteger la información que contiene, aportando seguridad a este intercambio de datos entre emisores y receptores.

Como recordarás, el certificado electrónico es el medio a través del cual la firma electrónica puede ser posible. Permite validar la identificación inequívoca de su depositario mediante **dos claves de seguridad.**

Estas dos claves de seguridad forman parte de un sistema criptográfico que lo que hacen es cifrar el contenido para hacerlo ilegible ante un posible riesgo de robo de información, y posteriormente lo descifra para hacerlo legible al receptor.

La ciencia de la criptografía es hoy en día más útil y necesaria que nunca, pues existen elementos cotidianos que requieren de fiabilidad y la garantía para todo el caudal de datos privados que se procesan a cada instante.

Compras y devoluciones por internet y comercios *online*. Banca *online*, Internet de las cosas, certificaciones digitales con firma electrónica.

¿Qué significa entontes la **clave pública** y la **clave privada** en todo este entramado de la seguridad de la información en las comunicaciones a terceros?

¡Una imagen vale más que mil palabras! ¡Fíjate bien en esta!

**Proceso de intercambio de mensaje
con clave pública y clave privada**

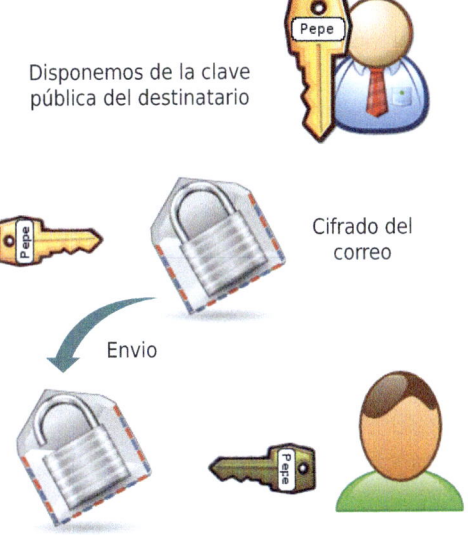

Disponemos de la clave
pública del destinatario

Cifrado del
correo

Envio

Usando su clave privada el destinatario
descifra el correo

 **NOTA**

La fórmula secreta de la clave privada consigue que la información sea ocultada para los usuarios no autorizados y, por otra parte, sirve de llave maestra para aquellos que sí lo están, otorgando al contenido transmitido los principios de **confidencialidad, privacidad** y **seguridad.**

La **firma electrónica** utiliza **sistemas criptográficos asimétricos o de clave pública,** esto quiere decir que es un procedimiento criptográfico, a través del cual se utilizan dos claves diferentes para el envío de la información. Una de ellas será **pública** y la otra será **privada,** de tal manera que cuando el receptor quiera descifrar su contenido, tendrá que disponer de ellas.

IMPORTANTE

Estas claves se generan una única vez, lo que hace que este método sea más seguro.

	Clave privada
Criptografía asimétrica	- La clave privada debe ser protegida por su dueño y no será revelada a nadie.
	Clave pública
	- La clave pública es conocida por cualquier usuario del sistema.

Son muchas las ventajas de este tipo de criptografía. Para la firma digital supone que el receptor de la información (mensaje) podrá verificar su autenticidad en origen y también comprobar que el documento no ha sido modificado en ningún momento del proceso. Todas estas cuestiones hacen posible que la firma electrónica no pueda ser falsificada, a diferencia de la manuscrita.

IMPORTANTE

La firma digital se basa en una información cifrada con una clave pública y únicamente podrá ser descifrada haciendo uso de la clave privada que tendrá asociada.

Para que puedas ver con mayor claridad cómo quedan integradas las claves pública y privada en un trámite con la Administración pública, donde se requiere la firma electrónica de un usuario, presta atención a la siguiente imagen:

**Proceso de firma electrónica por un usuario
y envío del documento a la Administración**

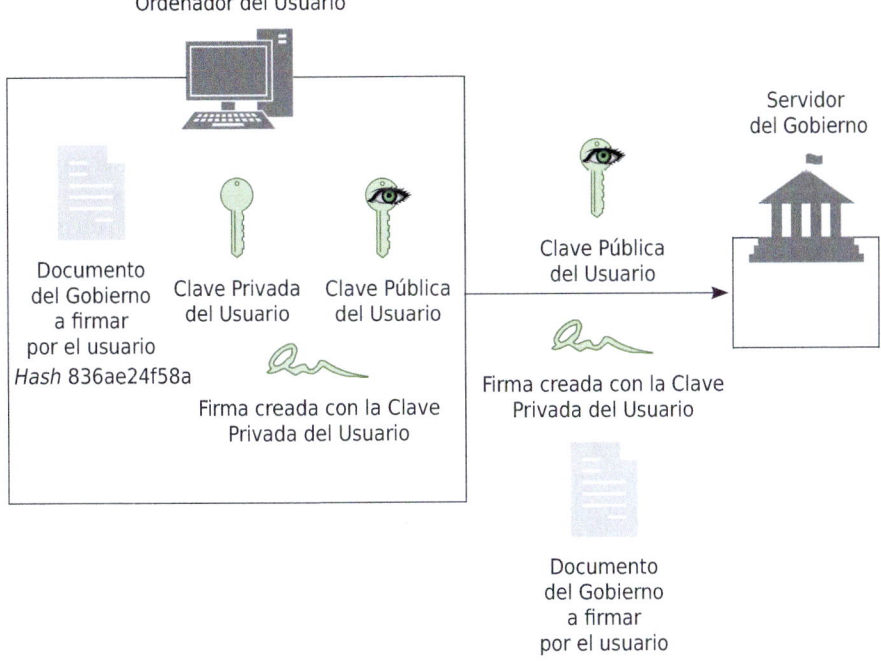

3.2. Las funciones *hash*

Sin embargo, la **criptografía asimétrica** también tiene algún **inconveniente,** especialmente originado por la clave pública. Resulta ser lenta y esta **lentitud** aumenta a medida que el mensaje o documento que se transfiere es más extenso.

Este **problema** queda **solucionado** a través de las **funciones *hash.***

 DEFINICIÓN

Función *hash*
Es un proceso de reducción de tamaño de datos (en una porción de datos) y que se realiza directamente para el conjunto de datos de un mensaje, de tal manera

Continúa en página siguiente >>

<< Viene de página anterior

que lo convierte en otro conjunto de datos de menor tamaño. El resultado es un archivo independiente pero relacionado al mensaje original.

- -

El *hash* también es importante, en cuanto a que el nuevo documento generado es un documento independiente que contiene solo una porción de información del documento original. Esto incrementa la protección en el caso de intento de sustracción del archivo por otro usuario diferente del proceso.

NOTA

No existen dos *hash* iguales o idénticos, por lo que resulta imposible localizar dos mensajes con el mismo *hash*.

- -

3.3. Los sellos temporales

Otra característica del proceso de firma electrónica que garantiza la evidencia de que un documento electrónico existe en el tránsito de la firma es el llamado **sellado de tiempo.**

DEFINICIÓN

Sellado de tiempo o sello temporal
Técnica probatoria para poder demostrar que un dato electrónico coexistió en un momento determinado durante el proceso de emisión, transmisión y recepción del mismo, y que jamás este fue modificado, garantizando la integridad y la exactitud de la información.

- -

Representación del proceso de sellado de tiempo de archivos digitales

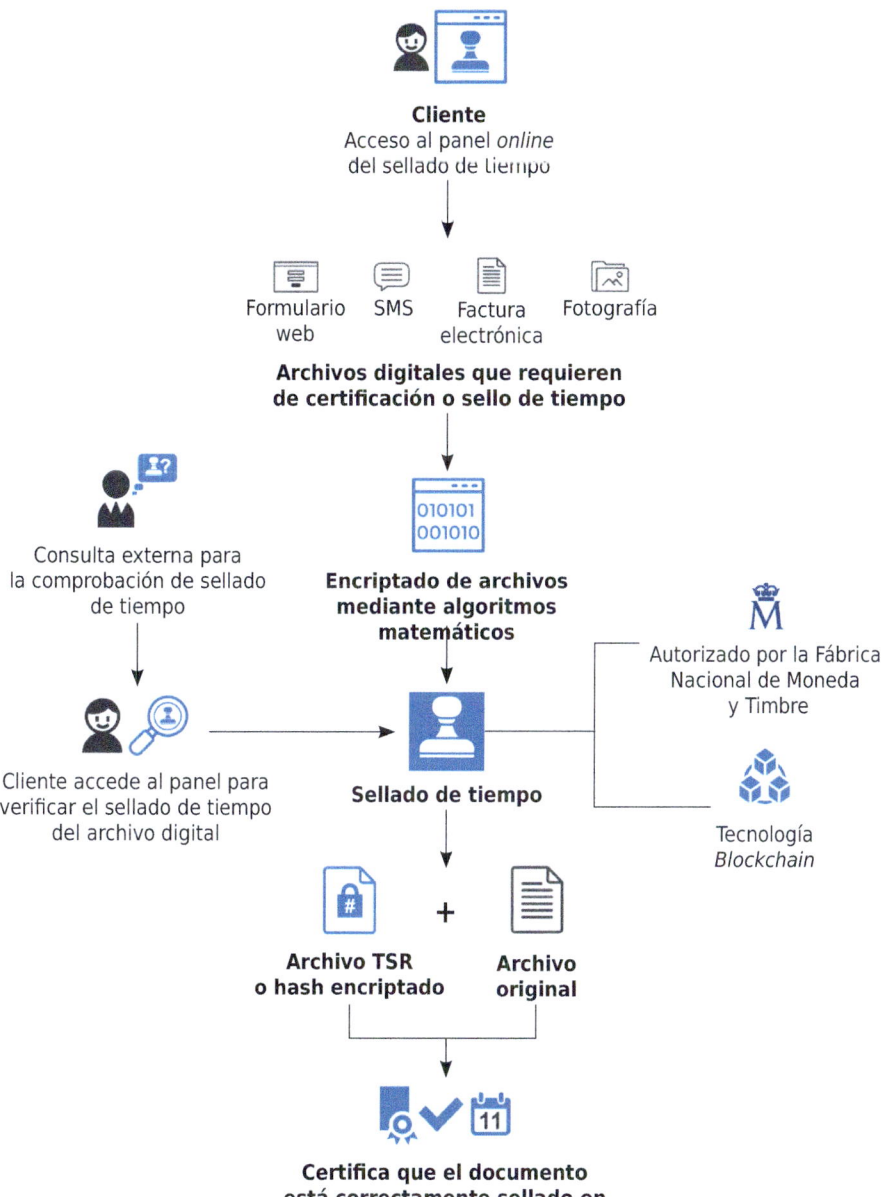

Cliente
Acceso al panel *online*
del sellado de tiempo

Formulario
web

SMS

Factura
electrónica

Fotografía

**Archivos digitales que requieren
de certificación o sello de tiempo**

Consulta externa para
la comprobación de sellado
de tiempo

**Encriptado de archivos
mediante algoritmos
matemáticos**

Autorizado por la Fábrica
Nacional de Moneda
y Timbre

Cliente accede al panel para
verificar el sellado de tiempo
del archivo digital

Sellado de tiempo

Tecnología
Blockchain

**Archivo TSR
o hash encriptado**

+

**Archivo
original**

**Certifica que el documento
está correctamente sellado en
una hora y una fecha concreta**

Te preguntarás entonces cuál sería la utilidad de este método en la firma electrónica.

Pues bien, aquí tienes una explicación que te ayudará a entenderlo:

> La asignación de sellado temporal en un documento será gestionado por un tercero independiente del procedimiento y del contenido tratado.

> El sello se asignará al documento mediante el firmado electrónico, garantizando así su hermeticidad e integridad.

> El sello temporal otorga veracidad al proceso de firma e indica la existencia de un documento firmado electrónicamente.

IMPORTANTE

El sellado temporal se utilizará siempre que el procedimiento lo requiera a tenor de la normativa, y si no fuera obligatorio bastaría con establecer una marca de tiempo especificando fecha y hora de la firma electrónica.

Presta atención en el siguiente ejemplo:

EJEMPLO

La Consejería de Hacienda, Industria y Energía comunica el fin de la validez de los certificados electrónicos de la FNMT-RCM firmante de los sellos de tiempo emitidos en diferentes intervalos de años. Por ejemplo:

El día 13 de diciembre de 2018 finalizará la validez del certificado electrónico de la FNMT-RCM firmante de los sellos de tiempo emitidos desde el día 14 de enero de 2014 al día 18 de mayo de 2015.

Continúa en página siguiente >>

<< Viene de página anterior

El día 4 de mayo de 2020 finalizará la validez del certificado electrónico de la FNMT-RCM firmante de los sellos de tiempo emitidos desde el día 18 de mayo de 2015 hasta el 5 de mayo de 2016.

El día 22 de abril de 2021 finalizará la validez del certificado electrónico de la FNMT-RCM firmante de los sellos de tiempo emitidos desde el día 5 de mayo de 2016 hasta el día 15 de enero de 2019.

El día 4 de diciembre de 2023 finalizará la validez del certificado electrónico de la FNMT-RCM firmante de los sellos de tiempo emitidos desde el día 15 de enero de 2019.

3.4. La confidencialidad de los mensajes

Pero todo lo que has visto no tendrá ningún sentido si el proceso de firma electrónica no ofrece garantías suficientes de seguridad de la información, que permita proteger los datos frente a terceros.

Para evitar riesgos, la firma electrónica protege la información tratada por medio de la **confidencialidad de los mensajes.**

La confidencialidad de los mensajes en la firma electrónica hace referencia a que, gracias al sistema de seguridad empleado, será posible que el mensaje transmitido sea ilegible para cualquier persona que no sea el destinatario de este.

NOTA

A fin de **garantizar la confidencialidad** de los documentos firmados electrónicamente, están las **técnicas de cifrado** ya explicadas anteriormente.

- -

APLICACIÓN PRÁCTICA

Manuel es un experto cocinero que vive alejado del mundo y crea atractivas recetas de cocina a base de productos naturales de su huerto. Con el tiempo, ha recopilado más de 5.000 recetas y que solo los turistas que se acercan por la zona han tenido oportunidad de saborear. Carlos es uno de esos turistas. Comercial de profesión, al comprobar la riqueza de estas recetas no dudó en plantearle a Manuel poder compartir sus secretos culinarios a través de una página web y, en función del número de visitas, se repartirán los fondos económicos conseguidos. Sin embargo, Manuel y Carlos se topan con Sebastián, un hostelero de una localidad cercana al paraíso de Manuel, quien escucha toda la conversación y que también ha tenido el gusto de probar alguna de las recetas, con la diferencia de que este último pretende copiarlas para comercializarlas en su negocio.

La cuestión es que en este contexto, Manuel ha acordado enviar a Carlos el denso recetario por correo ordinario. Sebastián tiene conocimiento de ello y elabora un plan. Sobornará al cartero para copiar el contenido de las cartas y así poder impulsar las ventas de su negocio.

¿Podrías ayudar a Manuel y a Carlos a formular alguna solución a fin de evitar que Sebastián se apropie de las recetas?

a. **Enviar la copia del recetario por correo electrónico adjuntando un archivo cifrado (mediante una clave que contiene una combinación) y en cuyo contenido están las recetas.**

- **Manuel crea una combinación (755432) como clave privada y se la dice por teléfono a Carlos.**
- **Manuel comprime las recetas en el archivo y lo envía cerrado con la combinación (755432).**

Continúa en página siguiente >>

<< Viene de página anterior

- Carlos recibe el correo y abre el archivo para extraer las recetas utilizando la combinación que Manuel le dio.

b. Enviar la copia del recetario por correo electrónico adjuntando un archivo cifrado (mediante una clave que contiene una combinación que solo podrá ser abierta con otra combinación que le corresponda). Para que Manuel pueda enviarle a Carlos el archivo:

- Carlos elige dos combinaciones (432 y 755) y le informa a Manuel la final (755).
- Posteriormente, Manuel introduce el recetario en el archivo que cierra y comprime (hash) con la combinación (755). Le manda el correo con el archivo adjunto a Carlos.
- Carlos recibe el correo y para abrir el archivo y conseguir el recetario introduce la otra combinación (432).

Solución

La solución b) ofrece mayores garantías de protección, ya que con la otra opción a) puede tener un problema de confidencialidad, pues Sebastián podría realizar escuchas telefónicas y conseguir la clave facilitada a Carlos por teléfono.

La **clave pública** es la combinación que Carlos envía a Manuel (conocida por los dos; 755) mientras que la **clave privada** es la que únicamente conoce Carlos (432) y la que le permitirá abrir el archivo y extraer el recetario.

El archivo contendrá un trozo de recetario *(hash)* o un pedazo de información del mismo, totalmente independiente del anterior, de tal manera que, si el archivo se pierde o es sustraído, no podrá obtenerse el recetario original en su totalidad.

- -

4. Tipos de firmas

☞ HILO CONDUCTOR

A Gala siempre le ha incordiado tener que emplear tiempo en realizar trámites administrativos, sin embargo esta ocasión es especial. Está aprendiendo nuevas

Continúa en página siguiente >>

<< Viene de página anterior

fórmulas que podrán ayudarle a agilizar trámites futuros donde sus proyectos profesionales tendrán prioridad. Está encantada en poder utilizar fórmulas de trabajo que no requieran gasto de papel. Como buena emprendedora, Gala siempre va más allá.

La firma electrónica está teniendo a nivel mundial gran aceptación gracias principalmente a que facilita mediante trámites sencillos la posibilidad de acceder a gestiones *online* administrativas. Sin duda, una apuesta de **sostenibilidad.** Sin embargo, su utilidad va mucho más allá y cada vez es más habitual encontrar empresas y organizaciones con este sistema ya implementado.

En cualquier caso, para que la implantación de estos procedimientos sea eficaz, no tendrás que tener duda alguna sobre los **tipos de firmas electrónicas** existentes, pues es habitual encontrar cierta confusión por no comprender bien la tecnología utilizada en cada una de ellas.

 **RECUERDA**

Existen tres **tipos de firma electrónica:** firma electrónica simple, firma electrónica avanzada y firma electrónica cualificada.

Hasta ahora te has centrado en una de ellas, pero llega el momento de conocer el resto.

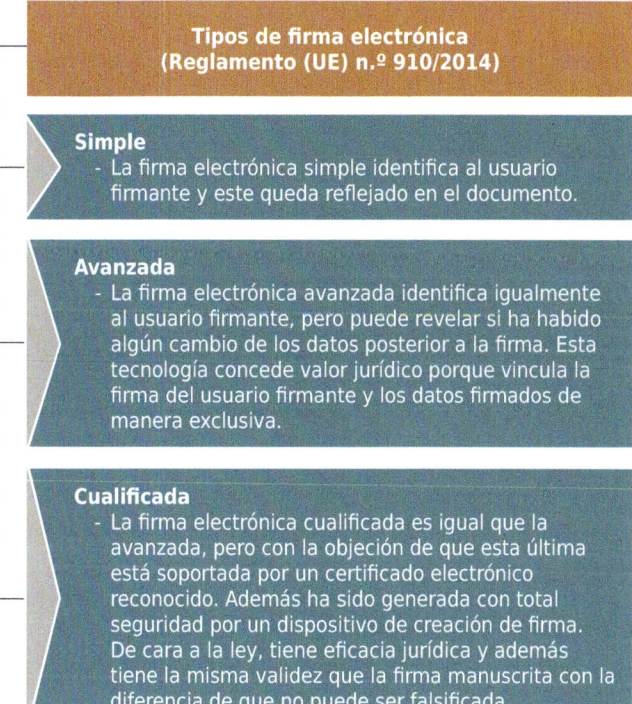

4.1. Firma electrónica simple

Una **firma electrónica simple** responde a un modelo de firma con unos atributos mínimos de calidad:

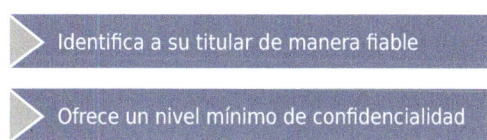

Características	Firma electrónica simple
Fácil uso	Sí
Segura	No
Validez legal	No
Dispositivo seguro de creación de firma cualificado / Certificado cualificado de firma electrónica	No

 **DEFINICIÓN**

Dispositivo seguro de creación de firma cualificado
Permite crear firmas electrónicas y cuyas características vienen recogidas en el **Anexo II del Reglamento Europeo 910/2014.**

Certificado cualificado de firma electrónica
El certificado cualificado de firma electrónica es aquel certificado de firma electrónica expedido por un prestador cualificado de servicios de confianza y cuyas características vienen recogidas en el **Anexo I del Reglamento Europeo 910/2014.**

Un simple correo electrónico puede responder a esta tipología de firma, donde es posible identificar al emisor y con unos mínimos de confidencialidad.

4.2. Firma electrónica avanzada

Como bien sabes, la **firma electrónica avanzada** también identifica al usuario firmante tal y como ocurre con la firma electrónica simple, pero además puede revelar si ha habido algún cambio de los datos posterior a la firma.

Ahora bien, las siguientes características básicas te ayudarán a entender mejor las diferencias:

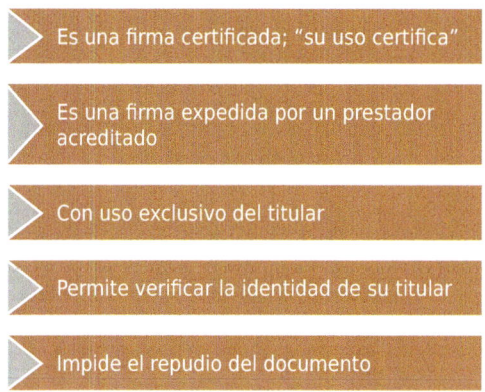

Es una firma certificada; "su uso certifica"

Es una firma expedida por un prestador acreditado

Con uso exclusivo del titular

Permite verificar la identidad de su titular

Impide el repudio del documento

Características	Firma electrónica avanzada
Fácil uso	Sí
Segura	Sí
Validez legal	Sí
Dispositivo seguro de creación de firma cualificado / Certificado cualificado de firma electrónica	Sí /No

A continuación tienes un ejemplo de una aplicación para firma avanzada:

 **VÍDEO**

Signaturit es una aplicación cómoda y eficaz para firma de documentos.

https://redirectoronline.com/adgn145po0202

4.3. Firma electrónica cualificada

Sin embargo, el tipo de firma electrónica que ofrece el sistema de seguridad más completo y seguro es la **firma cualificada.**

Características	Firma electrónica cualificada
Fácil uso	Sí
Segura	Sí
Validez legal	Sí
Dispositivo seguro de creación de firma cualificado / Certificado cualificado de firma electrónica	Sí /Sí

Aunque este tipo de firma es el que ofrece el mayor nivel de seguridad, su uso ha estado limitado a las Administraciones públicas debido a sus **requerimientos:**

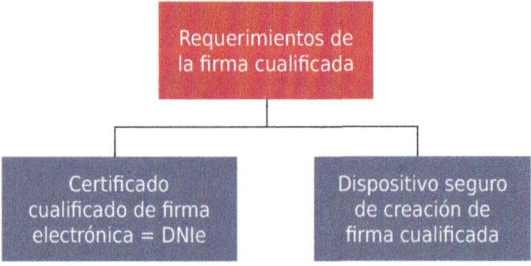

 **CONSEJO**

Cualquier empresa que desee implantar una firma electrónica segura deberá dotar de capas de seguridad complementarias al proceso de firma habitual y comenzar por incluir estos nuevos procedimientos en áreas departamentales para posteriormente universalizarlos de forma global.

ACTIVIDAD COMPLEMENTARIA

2. Ya conoces las diferencias de los distintos tipos de firma electrónica. Ahora te proponemos que pongas un ejemplo de firma electrónica cualificada que cumpla con los requisitos para ser catalogada como tal. Para ello, puedes consultar internet.

5. Dispositivos externos de firma electrónica

 ## HILO CONDUCTOR

Tras conocer la metodología y las técnicas empleadas en el proceso de la firma electrónica, Gala avanza su curiosidad investigando sobre herramientas o recursos digitales que puedan permitirle en un futuro presentar proyectos de trabajo en diferentes formatos. Será interesante para ella, puesto que ofrecerá un aspecto muy profesional y además todos estos trámites contarán con validez jurídica.

Para proceder a firmar un documento de forma electrónica ya no es estrictamente necesario realizarlo desde un ordenador.

La tecnología y los avances han facilitado que este proceso pueda realizarse a través de **dispositivos móviles.** Sin embargo, todo ello requerirá la previa instalación de aplicaciones.

A continuación vas a ver una de ellas.

Herramienta de firma electrónica en entornos de escritorio y dispositivos móviles.

 **PARA SABER MÁS**

Actualmente existen muchas soluciones de firma electrónica y de identificación con certificados electrónicos que mejoran la gestión. En el siguiente enlace se presenta la Suite @firma que incluye diversos productos relacionados con la firma electrónica.

https://redirectoronline.com/adgn145po0203

5.1. Ejemplo *software:* eCoFirma y AutoFirma

Al servicio de los ciudadanos, el ministerio facilitaba un programa que permitía generar y validar firmas electrónicas, posibilitando la firma de documentos electrónicos. Se trataba del programa eCoFirma. Actualmente, está disponible para su descarga, sin embargo, como no dispone de soporte informático, el ministerio recomienda la utilización de la **aplicación AutoFirma.** Esta es una aplicación de escritorio (soporta Windows, Linux y Mac OS) que permite la firma electrónica de documentos y trámites web. Para su utilización se requiere un certificado electrónico vigente y que la aplicación esté instalada en el equipo en el que se va a utilizar la operación de firma.

 CONSEJO

Aunque todavía está disponible la descarga del programa eCoFirma, te recomendamos que utilices la aplicación AutoFirma. Accede al siguiente enlace si quieres hacerlo:

https://redirectoronline.com/adgn145po0204

5.2. El certificado electrónico

Ya sabes que el certificado electrónico sirve de base para la firma electrónica. Por tanto será necesario disponer de él para que puedas tramitar correctamente la firma electrónica documental y que se reconozca al usuario.

Un certificado electrónico contiene un conjunto de datos que serán incorporados en tu navegador, de esta forma, podrás identificarte en los trámites *online* que realices. Estas gestiones puedes ejecutarlas desde un ordenador u otros dispositivos móviles como ya has podido ver. Pero antes, debes descargarte el *software* correspondiente.

El proceso de descarga es bien sencillo, solamente tendrás que obtener un **certificado *software*** teniendo en cuenta unas **consideraciones previas** y seguir los siguientes pasos indicados. Más adelante profundizarás en aspectos relativos de este importante elemento.

IMPORTANTE

Debes utilizar el mismo navegador y dispositivo (PC, *Smartphone*, tableta, etc.) durante todo el procedimiento hasta la descarga final del certificado.

- -

TAREA 2

Mónica está tratando de realizar una consulta del estado de una gestión realizada vía correo electrónico. No localiza ningún expediente a su nombre. En su momento, la Seguridad Social le solicitó que enviara algunos documentos firmados para ser incluidos en su expediente de maternidad. Sin embargo Mónica no sabe qué ha podido pasar, puesto que ella se limitó a reenviar ese mismo correo electrónico adjuntando un archivo que contenía la información solicitada.

Sobre esta información, ayuda a Mónica a identificar las causas de la incidencia para así comprender la tecnología asociada a la firma electrónica y entender su funcionalidad en este tipo de gestiones. Explícale qué tipo de firma electrónica requiere este trámite e infórmale de los dispositivos que puede utilizar para tal fin.

- -

6. Resumen

La firma electrónica de documentos es una excelente herramienta que nació hace unos años con idea de **agilizar las gestiones administrativas** y documentales de **ciudadanos, empresas** y **Administraciones** mucho más acorde a los nuevos tiempos.

En la actualidad y con la evolución de la tecnología, ha sido posible comprender mejor su funcionamiento y utilidad.

Para empezar se propone la distinción de tres **tipos de firma electrónica:**

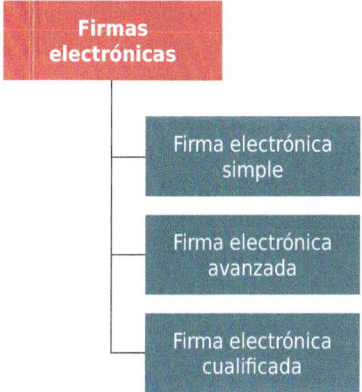

Cada tipología de firma ofrece unas garantías de seguridad diferentes y niveles de complejidad distintos, por lo que esta información es determinante para su elección, ya sea para uso particular, profesional, empresarial o dirigido a las Administraciones públicas.

En aras de clarificar las garantías de seguridad que ofrece este sistema telemático, es necesario antes comprender en qué consiste el **proceso de la firma electrónica** y qué beneficios tiene esta fórmula para transferir información firmada electrónicamente entre distintos usuarios.

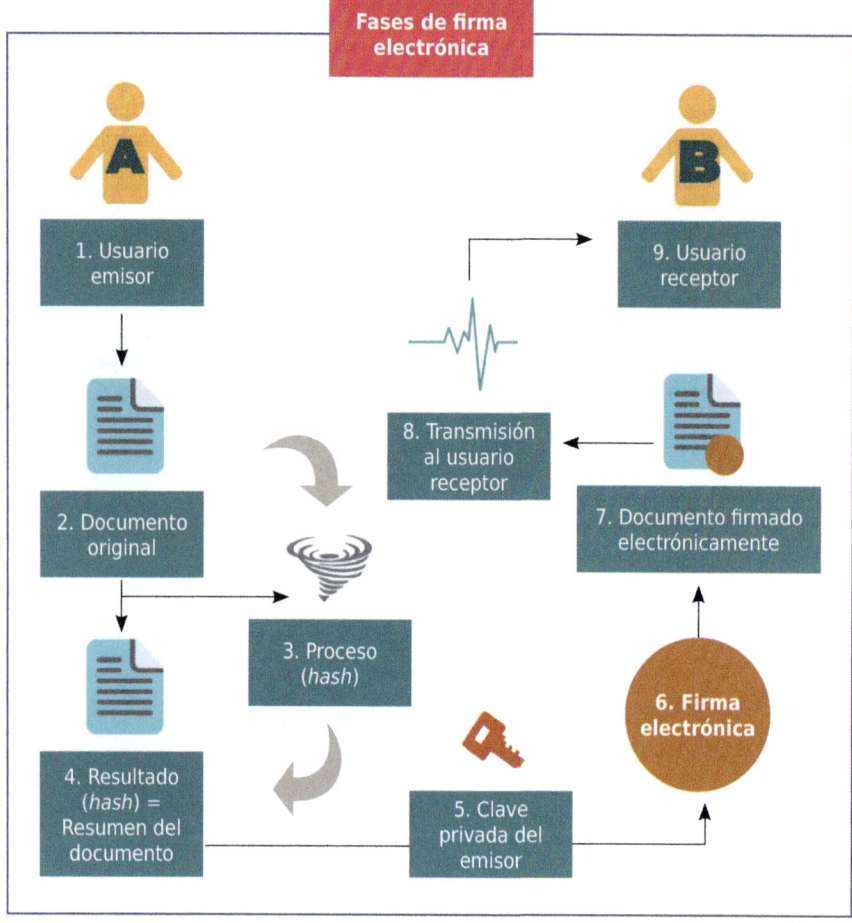

Todo este conocimiento, sumado a los **beneficios** que reporta esta práctica, serán elementos clave para la correcta y definitiva implantación de la firma electrónica en la sociedad.

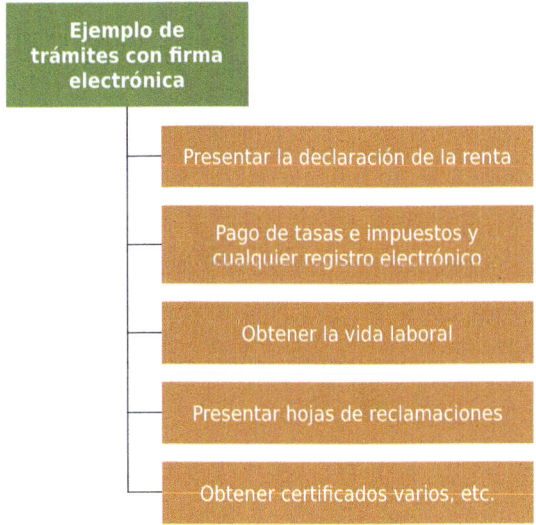

Sin embargo, los **elementos técnicos** que conforman el ecosistema de firma electrónica y que hacen posible la viabilidad del **proceso de firma** para que esta sea **funcional** son **complejos** y en ocasiones resultan difíciles de distinguir.

Este es el caso del **sistema criptográfico** del que se vale la firma electrónica para cifrar el contenido transmitido de un usuario a otro, dotando a la firma de **fiabilidad.** Nadie es ajeno a la cantidad de datos relevantes que fluyen por la red cuando se realizan acciones tan cotidianas como:

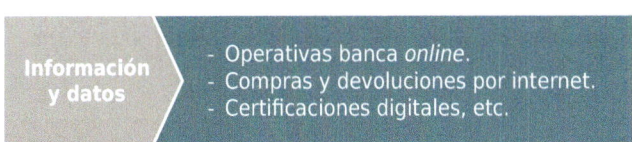

Todas estas operaciones, al igual que otras muchas donde la información y los datos son transmitidos constantemente, requieren de medidas de **seguridad informática y de la información** basadas en la **criptografía.**

Para el caso de la **firma electrónica,** el **sistema criptográfico** elegido será el **asimétrico.** Serán necesarias **dos claves** para el envío y recepción de documentos firmados electrónicamente. El usuario emisor de datos dispondrá de una **clave pública** cedida por el usuario receptor y será este último quien, con su propia **clave privada,** podrá disponer del mismo para descifrar su contenido.

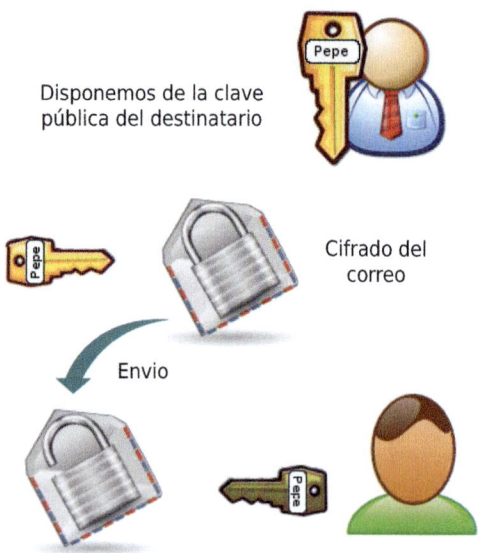

Disponemos de la clave
pública del destinatario

Cifrado del
correo

Envio

Usando su clave privada el destinatario
descifra el correo

Pero para evitar riesgos de sustracción del documento y resolver la lentitud de la transmisión en los casos donde el archivo es de gran tamaño, se incorpora a este procedimiento una **tecnología** denominada *hash,* que consigue crear una **porción de la información enviada** en un documento independiente y de mucho menor peso. Todo esto hace que cualquier intento de robo de información sea dificultoso.

Otras características de la firma electrónica son:

Sellos de tiempo	Confidencialidad
- Garantiza la evidencia de que el documento enviado ha existido. Esto es posible gracias al sellado de tiempo, y certifica que dicho documento es íntegro y sus datos nunca han sido modificados.	- Los documentos sellados electrónicamente bajo las técnicas de cifrado cumplen con el principio de confidencialidad, es decir, el mensaje transmitido será ilegible para cualquier persona que no sea su destinatario.

Con todo ello, y teniendo en cuenta la tipología de firma electrónica, son la **firma avanzada** y la **cualificada** las que contemplan mayores niveles de seguridad, siendo esta última la más utilizada por las diferentes Administraciones públicas, principalmente por los requerimientos exigidos.

No obstante, cada vez más se facilitan trámites para que empresas y particulares puedan implantar estas otras mecánicas de firma electrónica. Actualmente existen *softwares* gratuitos al servicio de la ciudadanía y de las organizaciones.

Ejercicios de autoevaluación
Unidad de Aprendizaje 2

1. Indica si las siguientes afirmaciones son verdaderas o falsas:

   a. La firma electrónica es una herramienta útil para gestiones administrativas.

   - Verdadero
   - Falso

   b. La ley que regula la firma electrónica en España es el Real Decreto-Ley 14/1999.

   - Verdadero
   - Falso

   c. En el Reglamento (UE) n° 910/2014 se regulan tres tipos de firma electrónica: simple, avanzada y cualificada.

   - Verdadero
   - Falso

2. Gracias a la firma electrónica es posible realizar trámites como...

   a. ... presentar la declaración de la renta.
   b. ... firmar documentos *online*.
   c. ... pagar una tasa o un impuesto.
   d. Todas las opciones son correctas.

3. El código de verificación (CSV) es:

   a. Un certificado electrónico.
   b. Un documento electrónico.
   c. Un código a través del cual es posible verificar una copia impresa con su original electrónico.
   d. Todas las opciones son incorrectas.

4. La criptografía es:

    a. Una ciencia.
    b. Una técnica.
    c. Un método.
    d. Un tipo de código de verificación.

5. Las técnicas criptográficas son:

    a. Unas técnicas de cifrado.
    b. Un tipo de mensajería.
    c. Una fórmula ágil de envío de documentos.
    d. Todas las opciones son incorrectas.

6. La firma electrónica utiliza sistemas criptográficos asimétricos, utilizando claves que son generadas...

    a. ... una única vez.
    b. ... dos veces en un único proceso.
    c. ... dos veces en dos procesos.
    d. La firma electrónica no utiliza un sistema criptográfico asimétrico con claves.

7. La criptografía asimétrica utiliza...

    a. ... una clave privada y dos claves públicas.
    b. ... una clave pública y dos claves privadas.
    c. ... dos claves privadas.
    d. ... una clave pública y otra clave privada.

8. Cuando el mensaje transmitido es ilegible para cualquier persona que no sea su destinatario, significa que el proceso cumple con el principio de...

    a. ... integridad.
    b. ... disponibilidad.
    c. ... confidencialidad.
    d. Todas las opciones son incorrectas.

9. La técnica probatoria para poder demostrar que un dato electrónico coexistió en un momento determinado durante el proceso de emisión, transmisión y recepción del mismo, y que jamás este fue modificado, garantizando la integridad y la exactitud de la información, se denomina…

    a. … *hash.*
    b. … CSV.
    c. … sellado de tiempo.
    d. Todas las opciones son incorrectas.

10. El tipo de firma electrónica que identifica al usuario firmante, que puede revelar si ha habido algún cambio de los datos posterior a la firma y cuya tecnología aporta valor jurídico, se denomina…

    a. … firma avanzada.
    b. … firma simple.
    c. … firma cualificada.
    d. … firma digital.

Implantación de la firma electrónica

Contenido

Objetivos

El objetivo general de esta Unidad de Aprendizaje es:

→ Reconocer los requerimientos básicos del negocio para abordar la conveniencia de algunos aspectos relativos a la firma electrónica y los diferentes formatos de esta, a fin de poder decidir acertadamente qué solución de firma electrónica implantar en un negocio y bajo qué plataforma.

Los objetivos específicos de esta Unidad de Aprendizaje son:

→ Identificar elementos de utilidad para obtener una solución de firma electrónica acorde a las necesidades empresariales.

→ Saber reconocer los diferentes servicios que ofrecen las distintas plataformas corporativas como generadores de soluciones de firma electrónica.

→ Descubrir los primeros pasos para la integración de la firma electrónica en las pymes.

1. Introducción

Las empresas hoy en día están sumergidas en pleno proceso de **transformación digital.** Este es un **acontecimiento disruptivo,** que sirve como punto de inflexión para determinar el nivel de competencia empresarial, hasta tal punto que cualquier negocio que no sea capaz de adaptarse a esta nueva **filosofía digital** será castigado terriblemente por los mercados, con la pérdida definitiva de **competitividad.**

Para evitar este desastre, es importante **dotar** a los negocios de **elementos** que **agilicen** los **procesos internos** de las empresas y también todos aquellos otros que faciliten las **relaciones externas** y las **transacciones administrativas** y **contractuales.**

En esta unidad conocerás los **requisitos básicos** para poder establecer la **firma electrónica** como herramienta ágil para tu negocio. Este será un paso previo a la implementación definitiva de otras herramientas que darán impulso a tu actividad.

Para el desarrollo del contenido, nos seguiremos basando en el caso de Gala, una joven estudiante y emprendedora interesada en descubrir cómo esta y otras herramientas facilitarán su desempeño profesional.

2. Requisitos básicos

☞ HILO CONDUCTOR

Gala está preparando su primer plan de negocio. Ella no tiene duda de que reflejará en él los requisitos, costes y plazos para la implantación de la firma electrónica. Quiere conocer al detalle cómo es el esfuerzo real que supone para un nuevo negocio afianzar herramientas como la firma digital. Su fabulosa idea de negocio necesitará el establecimiento de fuertes relaciones empresariales e incluso la colaboración de algún experto internacional. ¿Qué necesitará el proyecto de Gala para crear este ecosistema digital?

Tu negocio, como cualquier otro en este nuevo **paradigma económico,** requiere de planes que puedan mejorar las **estrategias de gestión.** Cualquier dotación en este aspecto te permitirá ganar competitividad en un mundo global donde todas las empresas se esfuerzan por **sobrevivir.**

La **firma electrónica** es una solución que **mejorará** tus **tiempos,** tus **procesos** y también la **productividad** de tus trabajadores.

Dicho esto, la firma electrónica debes contemplarla como una **herramienta esencial** para afrontar infinidad de tareas.

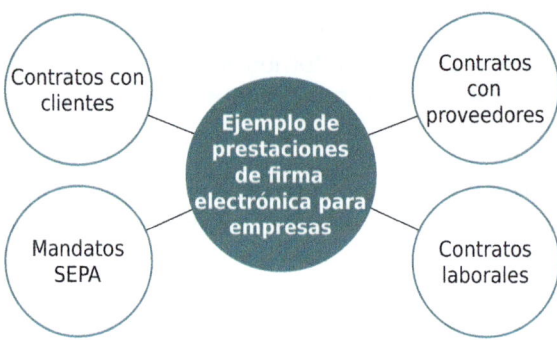

Antes de decidir qué **solución de firma electrónica** implantar en tu negocio, conviene que consideres algunos aspectos:

- ⟳ **De sencillo uso:** no olvides que muchos de los usuarios que manejarán en tu negocio la firma electrónica pueden ser empleados de diferentes departamentos (RR. HH., contabilidad, comercial etc.). Esto significa que la solución elegida deberá ser sencilla y sobre todo intuitiva para cualquier usuario. Es imprescindible que la percepción del empleado sea buena y la experiencia de su uso sea rápida y ágil en todo el proceso.
- ⟳ **Software Responsive:** necesitarás uno para comenzar a utilizarla, sin embargo, presta atención a aquellas soluciones que, por su tamaño, pueda perjudicar al buen funcionamiento del disco duro de tu ordenador. También es posible disponer de este tipo de programas en la nube, más acordes con la transformación digital; de esta manera evitarás ese inconveniente. El término *responsive* hace referencia a la posibilidad de que un programa, aplicación o recurso digital pueda trabajarse desde diferentes tipos de dispositivos. No olvides que la movilidad es importante y en ocasiones podrás encontrarte en situaciones que requieran dar soluciones rápidas incluso desde el propio móvil.
- ⟳ **Control del proceso:** trata de optar por una solución de firma electrónica muy visual. Deberá mantener al usuario informado de las etapas de firma en las que se encuentra para contar con un mayor control del proceso.

⮡ **Automatización:** por último, descarta aquellas soluciones que dispongan de pocos elementos automatizados. Esto hará que el proceso de firma sea ágil evitando así la posibilidad de perder opciones de negocio.

2.1. Formatos de firma

Como ya conoces qué generalidades básicas debe contemplar tu plataforma de firma electrónica para mejorar el rendimiento de tu negocio, y también el **tipo de firma** que proporcionará las mayores garantías en cada trámite que realices, ahora vas a conocer qué requerimientos mínimos debe contener el documento de firma como **formato de firma electrónica** para que se ajuste a la normativa.

 **DEFINICIÓN**

Formato de firma electrónica
Es la manera en la que se da forma al documento de firma, cómo se estructura y organiza la información que contiene y cómo este se guarda.

Un formato básico de firma electrónica significa que el documento de firma reúne unos requerimientos estándares:

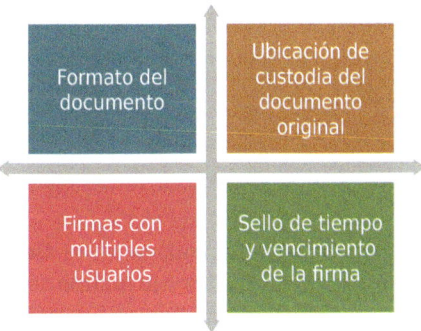

2.2. Formatos de firma avanzados

Sin embargo, un **formato avanzado de firma electrónica** contiene información sobre el documento, pero además incorpora nuevos elementos tecnológicos que hacen que estos mecanismos utilicen un leguaje programático más complejo, permitiendo el intercambio de información entre sistemas informáticos automatizados.

Ejemplos de estos formatos son:

CAdES
- Aconsejado este formato para firmas de gran tamaño. Una vez el fichero es obtenido, el documento original no puede verse, ya que toda la información que contiene se guarda con una fórmula binaria.

XAdES
- El documento resultante es un fichero XML y el tamaño es grande, por lo que no es recomendable cuando el documento original es de proporción grande.

PAdES
- Aconsejable cuando el documento original tiene formato PDF. El receptor puede leer directamente la firma y comprobar que el documento está firmado. Esto no es posible con otras aplicaciones puesto que requeriría mecanismos externos.

OOXML y ODF
- Ambos formatos avanzados son conocidos porque son los que manejan *Microsoft Office* y *Open Office*.

 **APLICACIÓN PRÁCTICA**

Carmen trabaja como administrativa en el Departamento de RR. HH. de un grupo empresarial donde normalmente existe intercambio de trabajadores. Ella se encarga de enviar electrónicamente los acuerdos de colaboración entre las empresas del grupo y, para ello, utiliza formatos de firma para documentos abiertos que requieren modificación.

Continúa en página siguiente >>

<< Viene de página anterior

Sin embargo, su jefa le entrega un contrato de dos hojas en PDF para que ella lo transfiera directamente a Contabilidad. El destinatario tendrá que comprobar la firma y darle el visto bueno. Hay prisa, por lo que le pide cierta agilidad. Se encuentra con un problema y es que el formato habitual de firma no admite este tipo de archivo, tendrá que recurrir a otro.

¿Podrías ayudar a Carmen a indicar el formato avanzado de firma que admite documentos PDF?

Solución

Tanto la solución CAdES como la XAdES están especialmente indicadas para documentos extensos. Sin embargo, la solución en la que el receptor puede leer directamente la firma y comprobar que el documento está firmado por la otra parte admitiendo archivos PDF es el formato avanzado de firma electrónica PAdES.

Te preguntarás qué utilidad tienen estos formatos avanzados para las empresas. Pues bien, un sistema basado en estos lenguajes específicos ofrece unas garantías excepcionales para las empresas, ya que permite el etiquetado de los documentos firmados y, por tanto, la correcta organización en función de las necesidades y requerimientos de estas.

 CONSEJO

A medida que tu empresa vaya encontrándose en escenarios distintos, tendrás que ir valorando las diferentes opciones de formatos de firma electrónica.

Ejemplos de diferentes formatos de firma
- Formato de firma elemental: mínimos requisitos legales.
- Formato de firma que incluye información sobre la política de la firma y caducidad de la firma.
- Formato de firma con marca de tiempo: fecha y hora exacta.
- Formato de firma que aporta información complementaria como fuente de validación.

De cualquier modo, algunos programas de firma electrónica te permiten elegir el formato que más se adecua a tus necesidades. Estos son los casos de:

@firma	autofirma	VALIDe
Cliente de @firma es una herramienta de firma electrónica que consiste en una aplicación de escritorio o móvil y que ejecuta la aplicación AutoFirma, entre otras. Con esta suite se pueden realizar firmas electrónicas en cualquiera de los formatos vistos anteriormente.	Es una aplicación que posibilita al ciudadano la firma de documentos de una forma fácil. Tan solo debe indicar el documento que firmar y la propia aplicación, de forma automática, elige el forma más adecuado.	Es el servicio de validación de firmas y certificados online por excelencia. Con esta herramienta el usuario puede validar los certificados y las firmas electrónicas de los principales prestadores de servicios de certificación. Entre sus servicios están la validación del DNIe y del certificado con el que se generó la firma electrónica, y la realización de firmas electrónicas con formato CAdES, XAdES o PAdES.

Aplicaciones de firma electrónica. Imágenes obtenidas del portal firma electrónica

Puedes acceder al portal de VALIDe en el siguiente enlace:

https://redirectoronline.com/adgn145po0307

3. Costes y plazos

 HILO CONDUCTOR

Gala considera de vital importancia decidir un formato de firma electrónica capaz de cubrir todas las necesidades de su futuro negocio. Sin embargo, hay una cuestión que no debe olvidar y que consistirá en saber identificar qué requisitos normativos debe cumplir para que todos los trámites *online* de su proyecto sean efectivos y ajustados a la ley. ¿Supondrá todo esto un gran esfuerzo?

Para una empresa que aún no tiene implementadas soluciones como estas, puede suponer un engorro adquirir nuevos hábitos en sus tareas diarias.

Este engorro rápidamente desaparece al comprobar las grandes ventajas que aporta el poder firmar documentos electrónicamente.

Firma electrónica y las ventajas para pymes
- Prescindir de desplazamientos.
- Evitar largas colas
- Ofrecer respuestas rápidas a clientes y proveedores
- Archivo digital
- Política de no papel
- Ahorro de costes, agilidad de trámites
- Garantía de recogida de firma en documentos
- Fórmula rápida para auditar firmas
- Imagen corporativa actual, etc.

IMPORTANTE

Si tienes en cuenta todas las ventajas y todos los beneficios que supone implantar una solución de firma electrónica en tu negocio, sin duda alguna los esfuerzos económicos y de tiempo se verán realmente recompensados.

3.1. eCoFirma (AutoFirma)

¿Cuánto dinero cuesta hacerte con una solución de firma electrónica?

El Gobierno pone a disposición de los ciudadanos y las empresas algunas aplicaciones de descarga gratuitas. Sin embargo, la adaptación de la normativa española al marco jurídico europeo que da soporte legal a la firma electrónica, junto con los avances tecnológicos, hace previsible la constante evolución y mejora de las diferentes **plataformas** sistemáticas o corporativas a través de las cuales es posible generar y validar la **firma electrónica** en diferentes formatos de documentos.

Aplicación	Tipo	Verifica	Editor	Muestra marca	Información
AutoFirma	Escritorio	No	Ministerio	Sí	
@Firma	Escritorio	Sí	Ministerio	No	
eCoFirma	Escritorio	Sí	Ministerio	No	
Acrobat Reader	Escritorio	Sí	Adobe	Sí	
VALIDe	Web	Sí	Ministerio	No	Necesita la instalación de AutoFirma o Java

En el caso de la plataforma eCoFirma, esta aplicación ha pasado a un segundo plano dejando mayor protagonismo a otra denominada **AutoFirma**, ya que esta última sí ofrece soporte *online*.

Toda la información sobre la descarga de AutoFirma está disponible en el portal de administración electrónica (PAE). Accede a toda la información a través del siguiente enlace:

https://redirectoronline.com/adgn145po0308

3.2. Certificado de usuario e instalación de certificado raíz de la entidad de certificación

Presta atención a la siguiente información:

Para que puedas llevar a buen término la firma electrónica sin incidencias, necesitas que en tu navegador tengas instalados los certificados raíz de la entidad de certificación; esto significa que tu certificado electrónico funcionará de forma correcta si previamente has instalado este certificado raíz en tu navegador.

 **EJEMPLO**

Camerfirma, un prestador cualificado de servicios de confianza, te ha expedido tu certificado electrónico a través del cual podrás realizar firmas electrónicas.

Para que esto sea posible y puedas hacer el envío acreditando que tu programa de firma está refrendado digitalmente por este prestador de servicios, tendrás que seleccionar el certificado raíz de esta entidad de certificación e instalarlo. Para este ejemplo, el certificado raíz de Camerfirma se llama *Chambers of Commerce Root.*

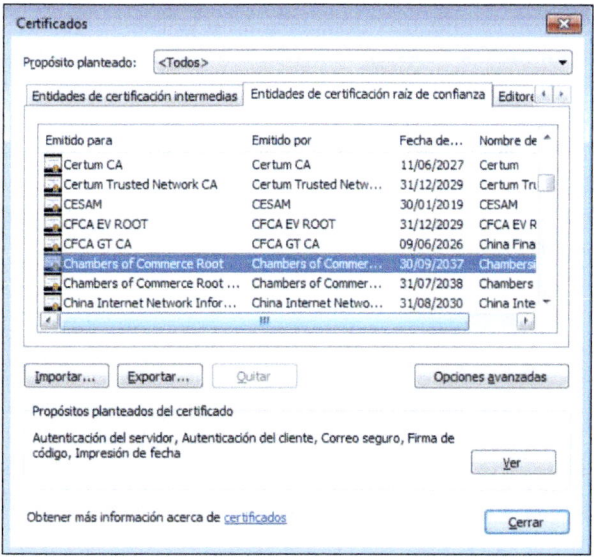

Detalle del certificado raíz de Camerfirma

IMPORTANTE

Es importante que tengas instalado el certificado raíz de la entidad que emitió tu certificado. Sin este paso previo no funcionará tu certificado electrónico y, por tanto, no podrás firmar electrónicamente. Descárgalo en el siguiente enlace si tu certificado ha sido emitido por la FNMT.

https://redirectoronline.com/adgn145po0303

3.3. Soluciones de escritorio para firma simple de documentos para pymes

Aunque has conocido las principales soluciones de firma electrónica ofrecidas por el Ministerio, no debes descartar valorar otras opciones desarrolladas por empresas especializadas en la firma de documentos *online*.

Bien es sabida la necesidad que tienen los negocios de contar con **herramientas fáciles** y sencillas **de implementar.** Si tu caso es este y lo que requieres es hacerte con una solución ágil, ligera pero eficaz, el mercado ofrece muchos programas que te ayudarán a **ahorrar tiempo** y **eliminar** el consumo de **papel.**

PARA SABER MÁS

El siguiente artículo muestra una relación de programas listos para que puedas firmar documentos de forma tan sencilla como pulsar un botón.

Continúa en página siguiente >>

<< Viene de página anterior

https://redirectoronline.com/adgn145po0304

 CONSEJO

Sea cual sea tu elección, trata que la solución de firma electrónica se ajuste lo más posible a tu **imagen corporativa,** pues te ayudará a **potenciar tu marca.** Esto será posible porque muchas de las soluciones comerciales permiten personalizar la plataforma de firma ajustada a la imagen de tu negocio.

Ahora fíjate bien en el siguiente recurso *online* que ofrece la firma Xolido. Podrás comprobar ejemplos de uso de firma electrónica, verificación y sellado de tiempo de documentos, atendiendo a tareas y actividades profesionales de diferentes sectores.

 EJEMPLO

Xolido es una empresa que comercializa soluciones de firma electrónica, sellado temporal y verificación. Muestra en su web un interesante recurso *online* en el que se puede visualizar ejemplos de estos servicios para prácticas profesionales cotidianas.

Continúa en página siguiente >>

<< Viene de página anterior

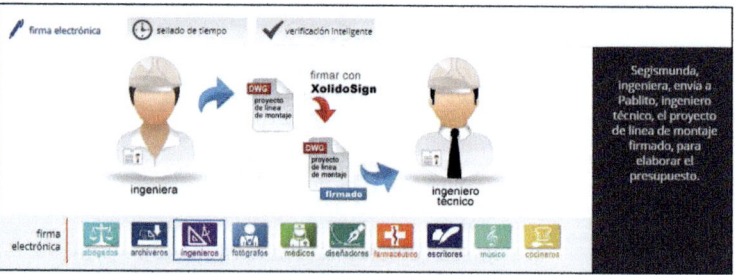

Ejemplo de uso de firma electrónica de documentos

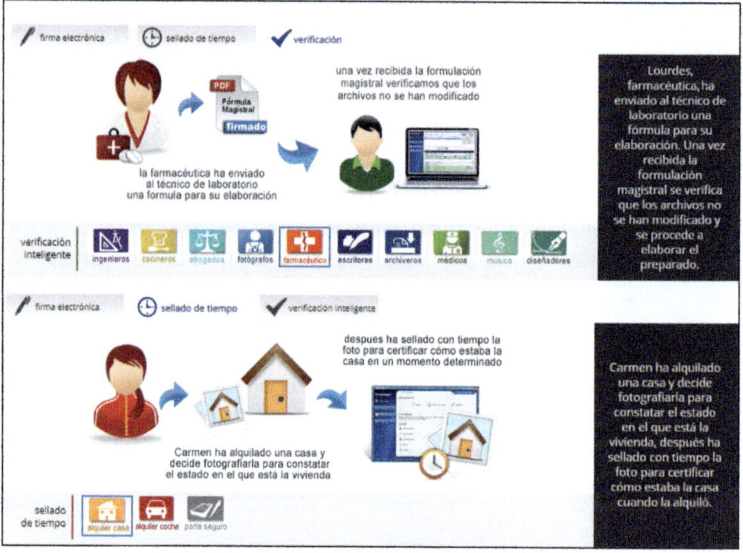

Ejemplos de soluciones de verificación y sellado de tiempo

 ## ACTIVIDAD COMPLEMENTARIA

3. Ya conoces algunos ejemplos de soluciones de firma dirigidos a profesionales, pero seguro que se te ocurre alguno más. Te invitamos a reflexionar sobre alguna práctica aún no comentada en la que el uso de la firma electrónica aporta un valor añadido a la actividad.

4. Procesos

☞ HILO CONDUCTOR

Aunque Gala no descarta utilizar plataformas de firma oficiales para su nuevo proyecto, sabe que muchas empresas especializadas que conocen las necesidades reales ofrecen soluciones innovadoras. Ya solo queda conocer los pasos que debe seguir para incorporar estos procesos como sistema de trabajo y que le ayudarán sin duda al ahorro de tiempo y de mucho papel. Justo lo que andaba buscando.

Para que todo lo visto hasta ahora pueda servirte para implantar la firma electrónica en tu negocio, y tus procesos sean digitalizados, fíjate en los pasos que hasta aquí debes seguir:

Primeros pasos para la implantación de la firma electrónica en pymes
1. Ten cerca el marco normativo que regula la firma electrónica.
2. Elige el tipo de firma que requiere tu negocio.
3. Si quieres que tenga mayor valor legal, opta por la firma avanzada, la cual requerirá: estar vinculada de forma única a un determinado firmante, identificar al firmante, haber sido creada por un medio controlado exclusivamente por el firmante, poder detectar cualquier cambio posterior a la firma.
4. Valora diferentes *softwares* gratuitos o también algún *software* de pago que te permita, además, personalizar la plataforma para potenciar tu marca.
5. Si optas por descargarte un *software* gratuito, no olvides incorporar a tu navegador el certificado raíz de la entidad.
6. No te decidas sin antes comprobar que la solución de firma electrónica ofrecida responde a estas características: de sencillo uso, *software responsive*, control del proceso y automatización.
7. Elige una plataforma que te proporcione diferentes formatos de firma electrónica o que te permita evolucionarlos hacia otros modelos de documentos para las nuevas necesidades que el negocio pudiera tener.

Después de todo esto, el siguiente paso, y para continuar con el proceso, consistirá en disponer de tu **certificado electrónico.** Este aspecto será tratado en la siguiente unidad.

4.1. Banco de España

Si has tenido oportunidad de leer el Reglamento Europeo que regula la firma electrónica (Reglamento UE n.º 910/2014), en él se hace referencia a los distintos **niveles de seguridad** de los **sistemas de identificación electrónica.**

Nivel bajo
- El Reglamento expone que este tipo de nivel es requerido para la identificación electrónica con un grado limitado de confianza en la identidad pretendida, requiriendo unas especificaciones técnicas, aplicación de normas y procedimientos, etc., y cuyo objetivo principal es **evitar el riesgo** de uso indebido o alteración de identidad.

Nivel sustancial
- El Reglamento expone que este tipo de nivel es requerido para para la identificación electrónica con un grado sustancial de confianza, requiriendo unas especificaciones técnicas, aplicación de normas y procedimientos, etc., cuyo objetivo principal es el de **reducir sustancialmente el riesgo de uso** indebido o alteración de identidad.

Nivel alto
- El Reglamento expone que este tipo de nivel es requerido para la identificación electrónica con un grado de confianza superior en la identidad pretendida, requiriendo unas especificaciones técnicas, aplicación de normas y procedimientos, etc., y cuyo objetivo principal es **evitar el riesgo** de uso indebido o alteración de identidad.

 **IMPORTANTE**

Es el **Banco de España** el que **identifica** a los **usuarios** de aquellos **servicios electrónicos** que requieren un **nivel alto** de seguridad.

Para hacer posible esta identificación, el Banco de España utiliza los **certificados electrónicos.** Este es el principal motivo por el que los usuarios que procedan a determinados servicios deben ser identificados sin dificultad.

Continúa en página siguiente >>

<< Viene de página anterior

Consulta en el siguiente enlace los **certificados admitidos por el Banco de España.**

https://redirectoronline.com/adgn145po0305

 TAREA 3

Adán es un joven compositor cuyos trabajos están comenzando a ser reconocidos por la industria discográfica. Recientemente acaba de recibir una importante llamada de un conocidísimo productor, que le propone participar en un evento musical a nivel internacional. En esta primera toma de contacto, el famoso productor le pide a Adán que le envíe un archivo PDF con algunas partituras de sus trabajos. Ante esta situación, Adán no quiere asumir el riesgo de que las partituras puedan ser difundidas o incluso plagiadas.

Con estos datos, ayuda a Adán a identificar elementos de utilidad para obtener una solución práctica para el envío de los documentos, acorde a sus necesidades profesionales. Deberás indicarle los diferentes servicios que ofrecen las distintas plataformas corporativas como generadores de soluciones de firma electrónica, y mostrarle los primeros pasos para la integración de la firma electrónica a su modelo de negocio.

5. Resumen

La **firma electrónica** es una **solución** que mejora los tiempos, los procesos y también la productividad de los trabajadores. Es una herramienta útil que ofrece **innumerables beneficios.**

Pero antes de implantar en un negocio una solución de firma electrónica, conviene considerar aspectos como:

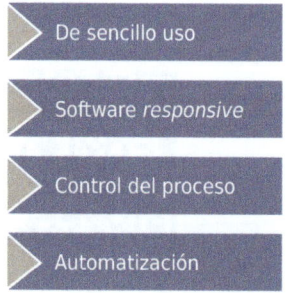

También es importante valorar la manera en la que se da forma al documento de firma, cómo se estructura y organiza la información que contiene y cómo se almacena dicho documento.

Lo importante es que el negocio parta de un **formato de firma** que permita evolucionar para **abordar diferentes escenarios** que requieran nuevos formatos de firma electrónica.

De cualquier modo, algunos **programas de firma electrónica** cuentan con una plataforma que permite elegir el formato más adecuado para **cubrir las necesidades** de la actividad. También existen diversos *softwares* de **descarga gratuita** a disposición de ciudadanos y empresas, cada uno de ellos con sus peculiaridades, pero con unos servicios ajustados a los requerimientos exigidos en la ley.

No obstante, si la elección del programa responde a una oferta comercial, su **inversión** y **coste** se verá gratamente **recompensada por los innumerables beneficios** que supone implantar una solución de firma electrónica.

Firma electrónica y las ventajas para pymes

- Prescindir de desplazamientos.
- Evitar largas colas.
- Ofrecer respuestas rápidas a clientes y proveedores.
- Archivo digital.
- Política de no papel.
- Ahorro de costes, agilidad de trámites.
- Garantía de recogida de firma en documentos.
- Fórmula rápida para auditar firmas.
- Imagen corporativa actual, etc.

Sea cual sea la decisión tomada, lo importante es que el negocio pueda ver en ella una verdadera herramienta que permita **digitalizar** fácilmente **numerosas tareas.**

Para facilitar el inicio de este trayecto hacia la implantación de una solución como **sistema de documentación electrónica** acorde a los nuevos tiempos, hay que prestar atención a detalles como estos:

Primeros pasos para la implantación de la firma electrónica en pymes

- Ten cerca el marco normativo que regula la firma electrónica.
- Elige el tipo de firma que requiere tu negocio.
- Si quieres que tenga mayor valor legal, opta por la firma avanzada, la cual requerirá: estar vinculada de forma única a un determinado firmante, identificar al firmante, haber sido creada por un medio controlado exclusivamente por el firmante, poder detectar cualquier cambio posterior a la firma.
- Valora diferentes *softwares* gratuitos o algún *software* de pago que te permita personalizar la plataforma para potenciar tu marca.
- Si optas por descargarte un *software* gratuito, no olvides incorporar a tu navegador el certificado raíz de la entidad.
- No te decidas sin antes comprobar que la solución de firma electrónica ofrecida responde a estas características: de sencillo uso, *software responsive*, control del proceso y automatización.
- Elige una plataforma que te proporcione. diferentes formatos de firma electrónica o que te permita evolucionarlos hacia otros modelos de documentos para las nuevas necesidades que el negocio pudiera tener.

Ejercicios de autoevaluación
Unidad de Aprendizaje 3

1. **Indica si las siguientes afirmaciones son verdaderas o falsas:**

    a. La firma electrónica es una solución que mejora los tiempos, los procesos y también la productividad de los trabajadores.

    - ■ Verdadero
    - ■ Falso

    b. La firma electrónica es una herramienta esencial para afrontar infinidad de tareas en las empresas.

    - ■ Verdadero
    - ■ Falso

    c. Con la firma electrónica es posible enviar contratos a proveedores y clientes pero no sirve legalmente para la firma de contratos laborales.

    - ■ Verdadero
    - ■ Falso

2. **Antes de decidir la solución de firma electrónica que mejor se adapte al negocio, conviene considerar...**

    a. ... que sea de uso sencillo.
    b. ... que se adapte a dispositivos móviles.
    c. ... que permita controlar visualmente el proceso.
    d. Todas las opciones son correctas.

3. **Un formato de firma electrónica es:**

    a. Cualquier tipo de firma, ya sea simple, avanzada o cualificada.
    b. La manera en la que se da forma al documento de firma, cómo se estructura y organiza la información que contiene y cómo este se guarda.
    c. El que determina el tipo de sistema criptográfico de la firma.
    d. Todas las opciones son incorrectas.

4. Un tipo de formato de firma es aquel que incluye...

    a. ... el mínimo de requisitos legales.
    b. ... información sobre la política de la firma y la caducidad de esta.
    c. ... la marca de tiempo.
    d. Todas las opciones son correctas.

5. Para que pueda realizarse la firma electrónica y el certificado de usuario funcione correctamente, es necesario disponer de...

    a. ... un certificado raíz del certificado de usuario.
    b. ... un certificado raíz de la firma electrónica.
    c. ... un certificado raíz de la entidad de certificación.
    d. Todas las opciones son incorrectas.

6. Una solución eficaz de firma electrónica ofrece numerosos beneficios. Atendiendo a esta afirmación, señala la respuesta incorrecta:

    a. Ahorra tiempo.
    b. Elimina cantidad de papel.
    c. Transmite en todas sus opciones una buena imagen corporativa del negocio.
    d. Todas las opciones son correctas.

7. Para potenciar la marca a través de las soluciones de firma electrónica...

    a. ... utiliza un certificado electrónico cualificado.
    b. ... utiliza una firma avanzada.
    c. ... utiliza una plataforma de firma personalizable.
    d. Todas las opciones son correctas.

8. Para la implantación de la firma electrónica en pymes es necesario...

    a. ... elegir el tipo de firma que requiere el negocio.
    b. ... valorar diferentes *softwares* gratuitos o también algunos *softwares* de pago que permitan además personalizar la plataforma para potenciar la marca.

    c. ... elegir una plataforma que proporcione diferentes formatos de firma electrónica o que permita evolucionarlos hacia otros modelos de documentos para las nuevas necesidades que el negocio pudiera tener.

    d. Todas las opciones son correctas.

9. **El nivel de seguridad requerido para la identificación electrónica con un grado limitado de confianza cuyo objetivo principal es el de reducir el riesgo de uso indebido o alteración de identidad se denomina:**

    a. Nivel alto.
    b. Nivel sustancial.
    c. Nivel bajo.
    d. Nivel medio.

10. **El nivel de seguridad requerido para la identificación electrónica con un grado de confianza superior en la identidad pretendida, requiriendo unas especificaciones técnicas, aplicación de normas y procedimientos, etc., y cuyo objetivo principal es evitar el riesgo de uso indebido o alteración de identidad se denomina:**

    a. Nivel alto.
    b. Nivel sustancial.
    c. Nivel medio.
    d. Nivel extremo.

Certificado electrónico

Contenido

Objetivos

El objetivo general de esta Unidad de Aprendizaje es:

→ Afrontar todos los aspectos relativos al certificado electrónico como elemento imprescindible para implantar una solución eficaz de firma electrónica.

Los objetivos específicos de esta Unidad de Aprendizaje son:

→ Establecer las diferencias entre la firma electrónica y el certificado electrónico y explicar el tándem que conforman la relación entre ambas herramientas.

→ Explicar el procedimiento para la obtención del certificado electrónico.

1. Introducción

Tanto para una empresa como para una persona física, contar con un sistema de **firma** y un **certificado electrónico** puede suponer enormes **beneficios.**

Además de presentar innumerables ventajas económicas como ahorro de costes, productividad, etc., hay otras importantes relacionadas con la seguridad porque garantizan la **acreditación del titular** y la **verificación** de la **integridad** de la **información** transmitida.

Sin embargo, y aunque hace ya muchos los años que estos sistemas están implementados en la sociedad, aún falta mucho para que queden integrados y aceptados totalmente.

En este sentido, esta unidad tratará de **aclarar** en qué consiste el certificado electrónico como elemento imprescindible para los demás procesos (firma y facturación electrónica) y ayudar a **comprender** la manera de obtenerlo para que queden **superadas las trabas** que pudieran persistir.

Para el desarrollo del contenido, nos seguiremos basando en el caso de Gala, una joven emprendedora que está gestando sus ideas creativas en un atractivo plan de negocio.

2. Certificado electrónico

☞ **HILO CONDUCTOR**

Nuestra joven emprendedora Gala, ya tiene resueltas todas las dudas relacionadas con el sistema de firma electrónica, e incluso ya ha decidido qué plataforma de firma va a utilizar. Su decisión está basada en que quiere personalizar con el logo que ha diseñado todos los documentos que firmará electrónicamente, aunque también ha valorado otras cuestiones. El siguiente paso que Gala tendrá que dar es conocer los trámites para obtener el certificado electrónico y así poner en marcha, cuanto antes, su propio sistema de firma y futura facturación.

Debes ya haber concluido que, en determinados escenarios, la firma electrónica va más allá de lo que supone una firma manuscrita, y es que el **entorno**

digital en el que se desenvuelve y las técnicas que incorpora hacen que se le añada otros calificativos más que, definitivamente, marcan la diferencia.

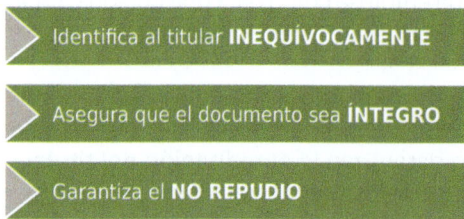

Identifica al titular **INEQUÍVOCAMENTE**

Asegura que el documento sea **ÍNTEGRO**

Garantiza el **NO REPUDIO**

Sin embargo, estas cualidades atribuidas a la firma electrónica no serán viables sin la existencia del **certificado electrónico.**

Conocerás en profundidad la utilidad del **certificado electrónico,** repasando y descubriendo algunas aplicaciones de uso de la ya conocida **firma electrónica.** Más tarde identificarás la conexión entre ambos instrumentos.

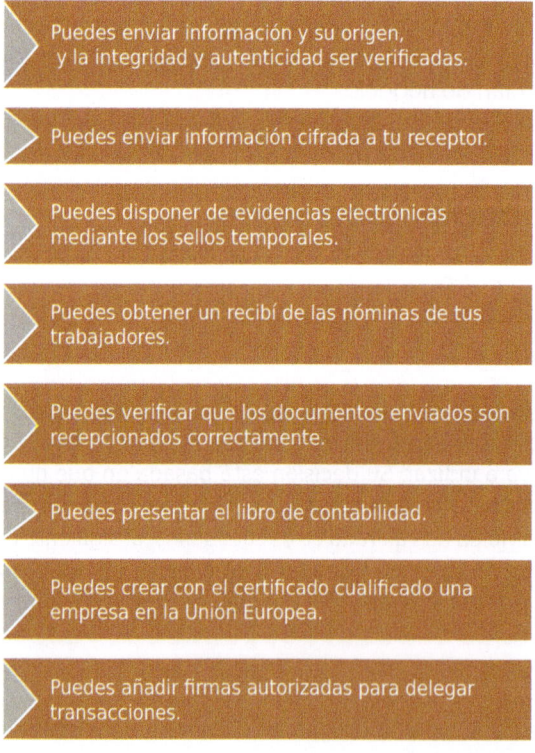

Puedes enviar información y su origen, y la integridad y autenticidad ser verificadas.

Puedes enviar información cifrada a tu receptor.

Puedes disponer de evidencias electrónicas mediante los sellos temporales.

Puedes obtener un recibí de las nóminas de tus trabajadores.

Puedes verificar que los documentos enviados son recepcionados correctamente.

Puedes presentar el libro de contabilidad.

Puedes crear con el certificado cualificado una empresa en la Unión Europea.

Puedes añadir firmas autorizadas para delegar transacciones.

Continúa en página siguiente >>

<< Viene de página anterior

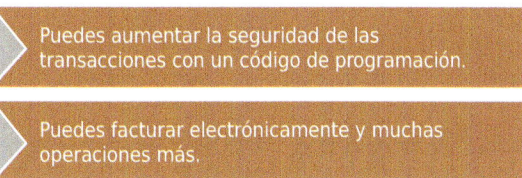

> Puedes aumentar la seguridad de las transacciones con un código de programación.

> Puedes facturar electrónicamente y muchas operaciones más.

Por medio del **certificado digital,** puedes realizar la **firma electrónica.**

Firma y certificado digital: voto electrónico

- Podrías votar telemáticamente si en un futuro el Gobierno decidiera establecer un sistema de votaciones electrónicas.

APLICACIÓN PRÁCTICA

Por primera vez en unas elecciones, los ciudadanos van a poder votar electrónicamente. El voto se realizará por medio de la firma electrónica. Para ello cada votante deberá tener un certificado electrónico reconocido. ¿Podrías indicar qué elementos aporta el certificado para demostrar que el voto es seguro?

Solución

Mediante el certificado electrónico reconocido, el votante puede ejercer su derecho, firmando electrónicamente su decisión electoral. La validez del voto está garantizada por los principios de: autentificación, integridad y no repudio.

2.1. Qué es la clave pública y la clave privada

 **HILO CONDUCTOR**

Antes de abordar los trámites de obtención del certificado electrónico, Gala quiere hacer hincapié en dos conceptos que considera fundamentales para conocer mejor cómo funciona la firma electrónica. Estos conceptos son la clave pública y clave privada que lleva asociada esta.

Comprenderás mucho mejor cómo funciona un **certificado electrónico cualificado** si lo visualizas como un **archivo informático** creado y firmado electrónicamente por una entidad certificadora o prestadora de servicios de certificación.

Este archivo informático está vinculado a una persona física o jurídica, permitiendo su identificación digital y sirviendo de instrumento para generar la firma electrónica e intercambiar información.

RECUERDA

La **firma digital** se basa en una **información cifrada** con una **clave pública** y únicamente podrá ser descifrada haciendo uso de la **clave privada** que tendrá asociada.

Ahora bien, la tecnología que el archivo informático del certificado lleva incorporada corresponde exclusivamente a la clave pública, con independencia de que la clave privada haya sido generada por la misma autoridad de certificación.

IMPORTANTE

En el certificado electrónico no aparece la clave privada, aunque sí tiene asociada una y esta no aparezca en el contenido del archivo informático. Más avanzada la unidad, comprobarás que, al solicitar un certificado electrónico, asignarás una clave privada.

3. Entidades emisoras de certificados

 HILO CONDUCTOR

De nuevo Gala recurre a la normativa para tratar de aclarar adónde debe dirigirse y qué pasos seguir para poder disponer cuanto antes de su certificado electrónico. Esta gestión le servirá para agilizar el lanzamiento de su idea de negocio innovadora en el ámbito del diseño urbano.

Las entidades emisoras de certificados son aquellas que emiten certificados electrónicos en los que se garantiza que la clave pública de la empresa pertenece realmente a ella.

La **Ley 6/2020,** de 11 de noviembre, reguladora de determinados aspectos de los servicios electrónicos de confianza, expresa a lo largo del **Título III lo relativo a las obligaciones y responsabilidad de los prestadores de servicios electrónicos de confianza.** No obstante a raíz del Reglamento (UE) 910/2014, nacieron normativas estatales aún en vigor que complementan toda la normativa anterior.

Con idea que puedas tenerlas resumidas en el siguiente cuadro se muestran todas ellas:

- *Reglamento (UE) 910/2014 del Parlamento Europeo y del Consejo de 23 de julio de 2014 relativo a la identificación electrónica y los servicios de confianza para las transacciones electrónicas en el mercando interior y por la que se deroga la Directiva 1999/93/CE.*
- *Ley 40/2015, de 1 de octubre, de Régimen Jurídico del Sector Público.*

- *Ley 39/2015, de 1 de octubre, del Procedimiento Administrativo Común de las Administraciones Públicas.*

- *Ley 6/2020, de 11 de noviembre, de servicios electrónicos de confianza.*

- *Real Decreto 203/2021, de 30 de marzo, Reglamento de actuación y funcionamiento del sector público por medios electrónicos.*

- *Ley 56/2007, de 28 de diciembre, de medidas de Impulso de la Sociedad de la Información.*

3.1. Concepto de prestador de servicios electrónicos de confianza

En España, el concepto de **prestador de servicios electrónicos de confianza** viene recogido en el actual **Reglamento eIDAS** o **Reglamento (UE) 910/2014** en su **artículo 3**. Como sabes, este reglamento trata de unificar criterios relativos a la firma electrónica a nivel europeo. Gracias a esta regulación normativa, los certificados electrónicos tienen validez en todo el territorio de la **Unión Europea** y, como consecuencia, quedan eliminadas las trabas electrónicas o **fronteras digitales** dentro de este marco.

Pero ¿qué es un prestador de servicios electrónicos de confianza?

Según el Reglamento europeo (eIDAS) se define como «***prestador de servicios de confianza***», *una persona física o jurídica que presta uno o más servicios de confianza, bien como prestador cualificado o como prestador no cualificado de servicios de confianza.* Sus obligaciones y responsabilidades están sujetas tanto a lo dispuesto en este reglamento como a la Ley 6/2020, de 11 de noviembre.

Así mismo, un **servicio de confianza** es aquel servicio electrónico remunerado que realiza las siguientes actividades:

- ➲ Expedición y validación de firmas electrónicas, sellos electrónicos o certificados de autenticación de web.
- ➲ Creación y validación de firmas electrónicas o sellos electrónicos.
- ➲ Conservación de firmas electrónicas o sellos electrónicos, así como de sus certificados.

3.2. Prestadores de servicios electrónicos de confianza de España

Tal y como expresa la normativa, los prestadores de servicios de confianza pueden ser:

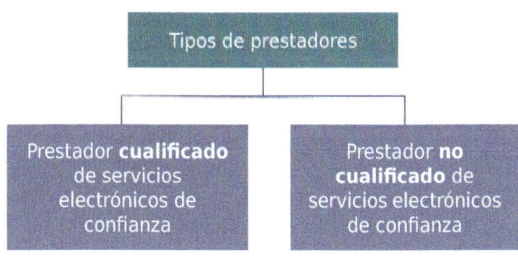

Prestador cualificado de servicios electrónicos de confianza

Son todos aquellos prestadores de servicios electrónicos de confianza que encajan en las categorías del Reglamento Europeo, es decir, son aquellos prestadores que, para generar un certificado electrónico, deben **verificar su identidad**:

➲ Presencialmente.
➲ A distancia mediante identificación electrónica donde previamente se haya garantizado la presencia del usuario o representante en el caso de persona jurídica.
➲ A través de un certificado de firma electrónica cualificada.
➲ Cualquier método identificativo reconocido, siempre y cuando equivalga con garantías de presencia física fiable por un organismo competente.

Puedes realizar la consulta en el siguiente enlace:

https://redirectoronline.com/adgn145po0401

El ministerio competente ha reunido en un listado información de cada uno de los prestadores cualificados de servicios electrónicos de confianza. Todos ellos están supervisados y establecidos en España. Podrás consultar dicha información en el siguiente enlace:

https://redirectoronline.com/adgn145po0403

 **NOTA**

El **organismo de supervisión** que tiene la función de verificar que los prestadores de servicios de confianza cualificados cumplen con lo establecido en la normativa es la **Secretaría de Estado de Digitalización e Inteligencia Artificial.**

Prestador no cualificado de servicios electrónicos de confianza

Son todos aquellos prestadores de servicios electrónicos de confianza que no encajan en las categorías del Reglamento Europeo. Puedes realizar la consulta en el siguiente enlace:

https://redirectoronline.com/adgn145po0402

ACTIVIDAD COMPLEMENTARIA

4. Consulta el Listado de prestadores de servicios electrónicos de confianza no cualificados y otros servicios y selecciona una entidad que esté ubicada en Madrid y ofrezca un servicio electrónico de confianza. A continuación explica en qué consiste este servicio.

4. Tipos de certificado electrónico

 HILO CONDUCTOR

Con el ánimo de aclarar las dudas para la obtención del certificado electrónico, Gala investiga por internet cómo es el procedimiento. El trámite parece ser sencillo, sin embargo, y antes de proceder a ello, quiere conocer los tipos de certificados que existen y aclarar sus diferencias; de esta manera podrá decidir correctamente cuál es el que debe solicitar.

Antes de que conozcas cuál es el procedimiento válido para solicitar y obtener tu certificado electrónico, debes saber que existen distintos tipos expedidos por la FNMT-RCM:

De persona física
- Es el certificado cualificado que identifica de forma electrónica a la persona física, al incluir sus datos identificativos. También la vincula con los datos de verificación de la firma electrónica. Este tipo de certificado posibilita la realización de trámites con total seguridad de forma telemática, con la AA. PP. y con las empresas.

De representación
- Hace referencia a los certificados electrónicos cualificados dirigidos al ámbito empresarial. La FNMT-RC emite tres clases de certificados, dependiendo de la modalidad de representación. Con su utilización se simplifican los trámites administrativos de las organizaciones con la AA. PP.

Continúa en página siguiente >>

<< Viene de página anterior

> **De Sector Público**
> - Según la Ley 40/2015, de 1 de octubre, las Administraciones públicas en sus actuaciones administrativas automatizadas han de utilizar sistemas de identificación electrónica. Los certificados que la FNMT-RCM expide son los relacionados con la firma electrónica de su personal y los de sello electrónico.

> **De Componente**
> - Es el certificado que acredita la identidad de un servidor y la firma de un código. La FNMT-RC emite tres clases de certificados de esta naturaleza, de servidor, de sello y de sede electrónica.

Si atendemos al soporte de los certificados, existen:

- **Certificados *software:*** los que pueden ser descargados y guardados en un dispositivo de almacenamiento USB, en el almacén de certificados del ordenador o en su disco duro.
- **Certificados *hardware:*** los que pueden ser almacenados en una tarjeta criptográfica con chip electrónico como, por ejemplo, el DNIe. Es posible que en estas tarjetas puedan almacenarse uno o más certificados electrónicos.

5. Clases de certificados electrónicos

 HILO CONDUCTOR

Gala ya conoce la tipología de certificados que existen. Pondrá en marcha su idea de negocio bajo la forma jurídica de profesional independiente, así que ya solo le queda determinar qué clase de certificado será el más adecuado para sus trámites telemáticos con la Administración pública y las entidades privadas.

La FNMT-RC emite distintas clases de certificados electrónicos cualificados según los tipos vistos anteriormente. Así, podemos encontrar:

- Certificados de persona física:

  - **Certificado de Ciudadano:** identifica a las personas físicas en sus trámites telemáticos y se puede obtener mediante un vídeo identificación, por acreditación presencial en una oficina, usando el DNIe o con la App Móvil.

- Certificados de representación:

  - **Certificado de administrador único o solidario:** lo pueden solicitar los representantes de las S. A. y de las S. L. (cumpliendo ciertos requisitos sobre la representatividad).
  - **Certificado de representante de persona jurídica:** lo pueden solicitar las personas físicas representantes de las entidades, en función de su letra inicial del NIF.
  - **Certificado de representante de entidad sin personalidad jurídica:** quién puede solicitarlo también depende de la letra inicial del NIF de la entidad.

- Certificados de Sector Público:

  - **Certificado de firma electrónica del personal al servicio de la Administración pública:** acredita tanto la identidad del empleado público (firmante) como del organismo donde trabaja. Además, se puede expedir en tarjeta criptográfica o con seudónimo en la Administración de Justicia.
  - **Certificado de sede electrónica en el ámbito de la Administración:** autentica el sitio web del organismo. Las AA. PP. lo utilizan para su identificación en las gestiones y comunicaciones con otros organismos del sector público.
  - **Certificado de sello electrónico en el ámbito de la Administración:** se expide para identificar y verificar que la actuación administrativa y judicial automatizada realizada por el organismo es de su potestad y autenticar los documentos generados por este.

- Certificados de componente:

  - **Certificado de servidor SSL/TLS, wildcard y SAN.**
  - **Certificado de sello de entidad.**
  - **Certificados de Sede electrónica/SSL/TLS, wildcard y SAN de servidores seguros.**

6. Procedimiento de obtención de un certificado electrónico de persona física

👉 HILO CONDUCTOR

Ya está todo listo para comenzar con el trámite. Gala dispone de toda la información para poder iniciar el procedimiento de obtención de su certificado electrónico personal con total seguridad. Tiene muy claro que lo primero que gestionará electrónicamente será tramitar su alta como profesional autónomo. Gala está encantada de poder evitar así tener que acudir tanto a la Agencia Tributaria como a la Tesorería de la Seguridad Social.

Atendiendo a la forma jurídica a la que tendrá que corresponder el certificado electrónico, tendrás que aportar unos datos u otros, aunque el procedimiento es similar.

Seguidamente, conocerás el **procedimiento** para **obtener un certificado electrónico** de **persona física** o **Ciudadano.** ¡Verás qué sencillo es!

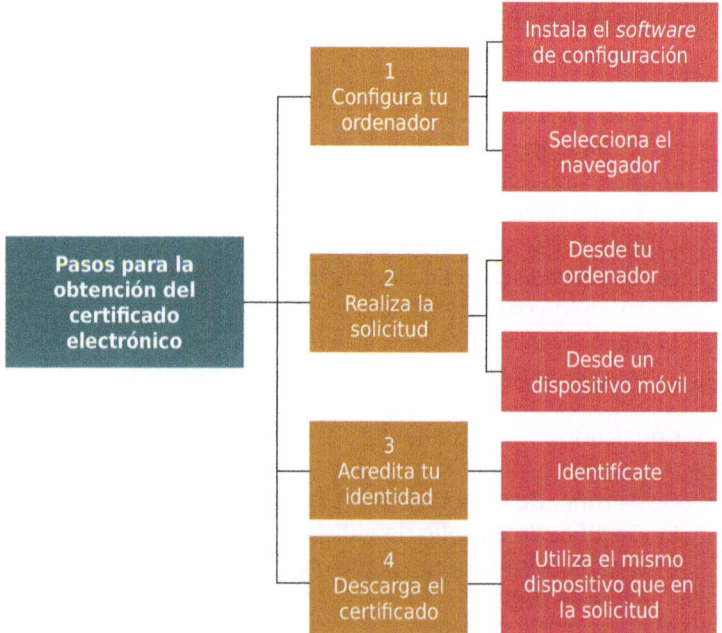

6.1. Cómo solicitar un certificado *software*

El primer paso, y antes de iniciar la solicitud del certificado, consiste en preparar el ordenador desde donde vas a realizar el proceso:

La fórmula es bien sencilla. Debes comprobar que tienes instalado el *software* para la generación de claves (Configurador FNMT-RCM). Y ya solo tienes que elegir el navegador y seguir las instrucciones de configuración. Los navegadores aceptados son:

- Microsoft EDGE.
- Mozilla Firefox.
- Google Chrome.
- Opera.
- Safari.

Ya tienes configurado tu navegador. Ahora toca iniciar la solicitud del certificado electrónico. Es tan simple como dirigirte a la página de web de **CERES, de la Fábrica Nacional de Moneda y Timbre.** Aquí te mostramos una imagen del sitio.

Sitio web de CERES, prestador de servicios electrónicos de confianza.

Posiciona tu cursor en el apartado **Ciudadano** y haz clic en él. Accederás a una pantalla de la Sede Electrónica desde donde podrás seleccionar cómo deseas obtener tu certificado de usuario.

Selección de tipo de certificado.

En este ejemplo hemos seleccionado a la **FNMT** como **prestador de servicios electrónicos de confianza.** Por tanto, el documento expedido vinculará al titular del certificado electrónico con los datos de verificación de firma de la entidad.

Seguirás con el procedimiento seleccionando cómo quieres obtener el certificado. La página te ofrece unas **consideraciones previas** a tener en cuenta para **evitar** así **errores** muy comunes. Te recomendamos que las leas detenidamente.

¡Presta atención a los siguientes avisos!

No debes formatear el ordenador en el intervalo de tiempo desde que solicitas el certificado hasta su descarga.

Debes realizar todo el proceso en el mismo dispositivo u ordenador, utilizando el mismo usuario.

Lee detenidamente la Declaración de Prácticas de Certificación, bajo las cuales se prestan estos servicios.

Una vez has tenido en cuenta todas estas indicaciones, pulsa en **Solicitar certificado.** Recuerda que has debido instalar el *software* facilitado por la FNMT, Configurador FNMT-RCM. Tras finalizar la solicitud, recibirás en el correo electrónico indicado un **código de solicitud.**

NOTA

El **código de solicitud** te será requerido en el siguiente paso del procedimiento, y servirá para acreditar tu identidad frente a la autoridad.

A continuación te mostramos un ejemplo de un correo similar al que recibirás en tu bandeja de entrada.

 **EJEMPLO**

La FNMT envía al solicitante un correo electrónico con un código de seguridad parecido a este:

Estimado/a Sr/a García:

A continuación le facilitamos el CÓDIGO DE SOLICITUD del Certificado FNMT de Persona Física que nos ha solicitado:

XXXXXXXXX

NIF asociado a la solicitud:

YYYYYYYYY

Con este Código de Solicitud y la documentación de su identidad requerida, deberá personarse en cualquiera de las Oficinas de Registro Autorizadas por la FNMT-RCM para acreditar su identidad. Para su comodidad, puede usted hacer uso de nuestro servicio de localización de las Oficinas más cercanas que encontrará en nuestra Sede Electrónica en ACREDITAR SU IDENTIDAD (NOTA: En las oficinas de la AEAT, algunas oficinas de la Seguridad Social y en el Ayto. Madrid se requiere de su cita previa.)

Por favor, verifique que los datos que introdujo en la fase de solicitud (nº de documento de identificación y primer apellido), se corresponden exactamente con los que figuran en el sdocumento de identidad que utilizará para acreditarse en una de nuestras Oficinas de Registro. Si detecta cualquier error en los mismos, deberá generar una nueva solicitud.

Así mismo le recordamos que con la emisión de nuevo certificado FNMT de Persona Física, el solicitante autoriza a la FNMT-RCM a revocar y dejar si efecto cualquier certificado del mismo tiepo que la FNMT-RCM le haya emitido con carácter previo e idénticos nombre, apellido y NIF/NIE.

Agradecemos sinceramente su interés por nuestros certificados.
Atentamente,

Departamento CERES
Fábrica Nacional de Moneda y Timbre-Real Casa de la Moneda
www.cert.fnmt.es

Real Casa de la Moneda
Fábrica Nacional
de Moneda y Timbre

Por favor, no responda a este mensaje. Para cualquier problema, duda o aclaración que precisa sobre esta notificación, le rogamos que se ponga en contacto con el servicio de Atención a Usuarios del Departamento CERES de la Fábrica Nacional de Moneda y Timbre - Real Casa de la Moneda.

Parece que has avanzado muy rápido, ya queda menos para concluir y así podrás disponer pronto de tu certificado electrónico personal.

El siguiente paso te llevará a la obligación de **acreditar tu identidad.** Dependiendo de la modalidad elegida para obtener el certificado, la acreditación se realizará de distinta forma. Comprueba cómo hacerlo para cada modalidad:

- Mediante **vídeo identificación:** para el proceso necesitas el código de solicitud, tu teléfono móvil y el DNI. Una vez comprobado el vídeo recibirás un correo electrónico con la aprobación o el rechazo del mismo. Este trámite tiene un coste.
- De forma **presencial:** tendrás que hacerlo presentándote en cualquiera de las oficinas de registro, que puedes consultar en el localizador de oficinas facilitado por la FNMT.
- Con **DNIe:** para la identificación necesitarás un lector de DNIe.

NOTA

Si te encuentras en el extranjero, dentro de la Unión Europea, podrás realizar este trámite que requiere tu presencia física a través de las **oficinas consulares de España en el extranjero.**

6.2. Cómo descargarlo e instalarlo en el equipo

Una vez has acreditado correctamente tu identidad, recibirás de nuevo un correo electrónico en tu bandeja de entrada, parecido a este:

 **EJEMPLO**

La FNMT envía al solicitante un correo electrónico con el fichero generado listo para su descarga:

Continúa en página siguiente >>

<< Viene de página anterior

Estimado/a Sr/a García:

En relación al Certificado FNMT de Persona Física que ha solicitado, le informamos que ya puede proceder a descargarlo e instalarlo.

Para ello deberá introducir su Código de Solicitud **XXXXXXXXX**, primer apellido y nº de DNI - NIF - NIE en el siguiente enlace:

Descarga de su certificado de Persona Física

Recuerde que:

- La descarga e instalación de su certificado deberá llevarla a cabo en el mismo equipo en el que realizó la solicitud.

- Si usted realizó la solicitud del certificado haciendo uso de su aplicación móvil, la descarga deberá realizarla desde el apartado "Solicitudes pendientes" de dicha app.

- Si generó su petición en tarjeta criptográfica, antes de realizar la descarga, confirme que dicha tarjeta está lista para ser usada.

Así mismo le recordamos que con la emisión de nuevo certificado FNMT de Persona Física, el solicitante autoriza a la FNMT-RCM a revocar y dejar si efecto cualquier certificado del mismo tiepo que la FNMT-RCM le haya emitido con carácter previo e idénticos nombre, apellido y NIF/NIE.

Agradecemos sinceramente su interés por nuestros certificados.
Atentamente,

Departamento CERES
Fábrica Nacional de Moneda y Timbre-Real Casa de la Moneda
www.cert.fnmt.es

Real Casa de la Moneda
Fábrica Nacional
de Moneda y Timbre

Por favor, no responda a este mensaje. Para cualquier problema, duda o aclaración que precisa sobre esta notificación, le rogamos que se ponga en contacto con el servicio de Atención a Usuarios del Departamento CERES de la Fábrica Nacional de Moneda y Timbre - Real Casa de la Moneda.

Ahora solo queda un último paso, pero antes ten presente el siguiente consejo:

 CONSEJO

Desde el instante en el que solicitas tu certificado hasta que acreditas tu identidad (tiempo en el que recibirás los dos correos electrónicos), no debe transcurrir más de 48 horas para poder descargar tu certificado electrónico.

Ya dispones del archivo **listo para descargar,** veamos ahora cómo proceder con él.

Pincharás en el enlace que aparece en el último correo electrónico, justo donde pone **Descarga de su certificado de persona física.** Te mostrará una imagen como esta, solo tendrás que rellenar los datos y elegir una contraseña (clave privada).

Página de descarga de certificado Ciudadano

Ya dispones de tu propio certificado que te permitirá realizar innumerables transacciones. No obstante, a continuación te informamos de alguna recomendación que podrá ser de utilidad.

[113]

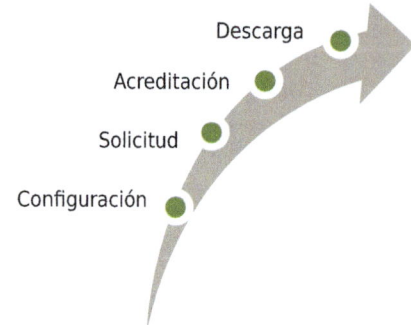

Haz una **copia de seguridad** de tu certificado electrónico. Puedes hacerlo en un dispositivo externo de almacenamiento. Para ello, la sede electrónica de la FNMT facilita algunas instrucciones, no olvides leerlas:

- ➲ Instrucciones para la exportación del certificado.
- ➲ Instrucciones para importar su certificado en su tarjeta criptográfica FNMT (si tienes interés en adquirir una tarjeta criptográfica, puedes acceder al siguiente enlace donde CERES pone a disposición de los usuarios un kit lector de tarjetas criptográficas.

 ## PARA SABER MÁS

¿Quieres conocer todo sobre las tarjetas inteligentes o tarjetas criptográficas? Accede al siguiente enlace:

https://redirectoronline.com/adgn145po0406

IMPORTANTE

Cualquier sistema de registro en sedes electrónicas de las Administraciones y organismos públicos sin certificado electrónico, como son Cl@ve pin o Cl@ve permanente, no permiten acceder a los servicios de firma electrónica.

La Cl@ve es una plataforma de verificación telemática que identifica a los usuarios.

6.3. Ciclo de vida de un certificado

Una vez concluido el proceso de **obtención del certificado** electrónico y habiendo tenido en cuenta las **consideraciones previas,** junto con las **recomendaciones** dadas, te mostraremos el **ciclo de vida de un certificado,** a fin de que puedas reconocer las opciones que brinda y la repetición del proceso proyectado en el tiempo.

Obtención
- Parte del proceso en el que se solicita el certificado electrónico a un prestador de servicios electrónicos de confianza.

Instalación
- Parte del proceso en el que, una vez que la autoridad de certificación ha expedido el certificado, el usuario procede a descargarlo.

Importar
- Parte del proceso en el que instalamos en el navegador el certificado previamente descargado en un dispositivo de almacenamiento externo o interno del ordenador.

Exportar
- Parte del proceso en el que un archivo de certificado electrónico es llevado a otro medio de almacenamiento con idea de tener una copia de seguridad.

Continúa en página siguiente >>

<< Viene de página anterior

Validez
- Es el intervalo de tiempo en el que el certificado tiene validez y, por tanto, da acceso a numerosos trámites.

Caducidad
- Finalización del periodo de validez.

Renovación
- Posibilidad de mantener válido el certificado siempre y cuando la renovación se realice antes de su **caducidad**.
- La caducidad de un certificado electrónico es variable en función de la autoridad que lo haya emitido.

Suspensión
- Permite dejar sin efecto la validez del certificado durante un plazo determinado de tiempo.

Revocación
- Anula la validez del certificado durante su periodo de vigencia si se sospecha de pérdida, robo o manipulación por terceras personas.

Eliminación
- Proceso en el que se elimina definitivamente el certificado de una tarjeta criptográfica o del ordenador, dejándolo sin efecto a no ser que se haya procedido con anterioridad a realizar una copia de seguridad.

7. La confidencialidad del certificado electrónico

 HILO CONDUCTOR

Gala está muy satisfecha. Sabe que a partir de ahora podrá realizar numerosas tareas con un importante ahorro de tiempo. Pero también ha tomado conciencia de la utilidad y funcionabilidad de este instrumento, que sin duda alguna le brindará la posibilidad de realizar transacciones con total confidencialidad.

Sin embargo, hay un concepto que ya se nombró con la firma electrónica y que determina definitivamente la **eficacia del certificado electrónico.** Se trata de la **confidencialidad.**

 **DEFINICIÓN**

Confidencialidad
Es una prestación de seguridad que garantiza que una información, un mensaje o unos datos no pueden ser entendidos ni legibles por alguna persona diferente que no sea su destinatario.

Para entender mucho mejor el concepto de **confidencialidad** del certificado electrónico, volverás al ejemplo del voto *online.*

Ya viste que ante la hipótesis de una votación telemática, el certificado electrónico reconocido de cada votante garantizaría:

- ➲ **La integridad del voto.**
- ➲ **La identificación del votante.**
- ➲ **La garantía del no repudio.**

Pero hay un elemento que aún no hemos incluido, que determina definitivamente la eficacia de este método y que está relacionado con el **concepto de confidencialidad.**

Presta atención a la siguiente imagen, ahí tienes la respuesta:

El voto debe ser siempre secreto
- No sería viable una votación electrónica si no pudiera garantizarse el principio de confidencialidad

8. Extinción de la vigencia de los certificados electrónicos

 HILO CONDUCTOR

Es impresionante cómo Gala comienza a desenvolverse con su certificado electrónico. Está deseosa de poder poner en práctica todo lo aprendido y ya sueña con emitir las primeras facturas electrónicas de su cercano emprendimiento. Sin embargo, Gala tendrá que estar atenta al periodo de validez del certificado. Obtenerlo le ha supuesto realizar algunos trámites, entre ellos, personarse para acreditar su identidad, y si está atenta al vencimiento, podrá renovarlo y evitar algunas diligencias como esas.

Pero la validez del certificado no es infinita. La FNMT pone a disposición de los usuarios la posibilidad de **verificar el estado de sus certificados electrónicos.** Esta consulta también es factible para las empresas, pudiendo verificar el estado de cualquiera de los certificados de representante. Esta cuestión tiene cierta relevancia, pues permite confirmar si el certificado es válido y, por tanto, se puede utilizar, o, por el contrario, fue ya revocado.

RECUERDA

No olvides que la validez de un certificado electrónico está limitada en el tiempo. Sin embargo, es posible renovar su validez siempre que se solicite antes de su caducidad.

NOTA

El tiempo de validez de un certificado electrónico dependerá de la autoridad de certificación que lo haya expedido e irá en función de las características y

Continúa en página siguiente >>

<< Viene de página anterior

tecnología utilizada para generar el archivo informático para la creación de la firma electrónica.

También la vigencia puede ser suspendida por decisiones judiciales, o por alguna otra causa ilícita recogida en el apartado de prácticas de certificación.

Dicho esto, hay otros motivos que dan al traste con la validez del certificado electrónico, dando como resultado la **extinción de su vigencia.** Deberás tenerlos muy presente.

Otros motivos que pueden ser objeto de extinción de la vigencia de los certificados electrónicos
- Utilización indebida - Decisión administrativa o resolución judicial - Fallecimiento - Cese de actividad del prestador de servicios electrónicos de confianza - Modificación de las circunstancias anteriormente verificadas

9. Certificados cualificados

 **HILO CONDUCTOR**

Gala ha tomado una buena decisión. Su certificado electrónico le permitirá iniciar los trámites con la Administración. Ya está deseosa de poder figurar como autónoma, así que no duda en estrenar su certificado, dándose de alta como profesional. Una vez realizado este trámite, Gala investiga sobre todas aquellas operaciones comerciales que tiene en mente y que pueda gestionar administrativamente desde su propio ordenador, sobre todo aquellos trámites comerciales en los que intervengan países comunitarios. Es evidente que la firma electrónica es un sistema que le permitirá estar interconectada a través de las operaciones comerciales internacionales, pero ¿qué ocurre cuando estos países están fuera del marco de la Unión Europea?

Ya conoces muchas de las gestiones *online* que puedes realizar con tu certificado electrónico válido. Si además el certificado electrónico es **cualificado,** este dispone de unas **características** (título II de la Ley 6/2020) que aportan particularidades exigidas por la mayoría de los servicios con las distintas Administraciones y organismos públicos.

Disponer de un **certificado electrónico cualificado** aporta numerosas **garantías** al titular.

Certificado cualificado
- Firma electrónica = firma manuscrita - Determina una evidencia de cara a conflictos jurídicos - Si el conflicto persiste, la parte contraria tendrá que asumir los costes para comprobar que el sistema de firma falló

 IMPORTANTE

Todos los servicios de confianza clasificados como "no cualificados" no disponen de los privilegios anteriores. Esto significa que:

- Si alguien cuestiona en un tribunal la validez de la firma en un documento firmado electrónicamente con un certificado no cualificado, su titular tendrá que demostrar su correcta validez asumiendo los gastos de todas las pruebas técnicas periciales que hagan falta.

 RECUERDA

Recurre a la web de los Prestadores de servicios electrónicos de confianza. Recuerda que allí encontrarás todos los servicios electrónicos de confianza (cualificados y no cualificados).

9.1. Obligaciones del prestador de servicios

La ley también establece que los **prestadores de servicios electrónicos de confianza** que expidan certificados electrónicos deberán **cumplir** una serie de **obligaciones.**

> Publicar información conforme a las instrucciones de la Ley 6/2020 y del Reglamento eIDAS.

> No podrán almacenar ni duplicar los datos de creación de firma, sello o autenticación de la web del titular (ciudadano o empresa).

> Cuando expidan certificados electrónicos, deben contar con un servicio público para consultar la validez o revocación de los certificados expedidos.

> En el caso de ser prestadores cualificados, además deben cumplir las siguientes obligaciones:
> - Conservar la información como máximo 15 años.
> - Contratar un seguro de responsabilidad civil mínimo de 1.500.000 €.
> - Comunicar el cese de actividad con una antelación mínima de dos meses.
> - Enviar al ministerio competente el informe de evaluación de la conformidad.

 PARA SABER MÁS

Si quieres conocer más sobre las obligaciones de los prestadores de servicios electrónicos de confianza que emitan certificados electrónicos, consulta el título III de la Ley 6/2020, de 11 de noviembre, reguladora de determinados aspectos de los servicios electrónicos de confianza.

9.2. Comprobación de la identidad

Para hacer la comprobación de la identidad y otras circunstancias personales de los solicitantes de un certificado cualificado, debes atender a las
siguientes circunstancias:

➲ El solicitante del certificado debe personarse para su identificación ante
la autoridad de certificación y presentar su DNI, pasaporte u otros mecanismos admitidos en derecho. Cuando la firma de la solicitud cuenta con
legitimación notarial, no es necesario que la persona física se persone
ante la autoridad. Tampoco sería necesario si el trámite lo has realizado
eligiendo la modalidad vídeo identificación o Con DNIe.

➲ Si el solicitante es persona jurídica, deberán comprobar los datos de
constitución y personalidad jurídica, facultades representativas y la inscripción en el Registro público de los documentos.

➲ Si el certificado incluye datos sobre la condición de cargo público del
titular, la pertenencia a un colegio profesional o la titulación, estos se
comprobarán a través de los documentos oficiales correspondientes.

NOTA

Todas estas disposiciones no serán necesarias si ya existe constancia de todo
ello ante el prestador de servicios electrónicos de confianza.

9.3. El certificado electrónico del prestador extraeuropeo

El Reglamento (UE) 910/2014 unifica para todos los Estados miembros de la
Unión Europea una misma manera de proceder, permitiendo incluso realizar trámites dentro de este marco. Sin embargo, ¿te has planteado qué pasa
cuando el prestador de servicios electrónicos de confianza está fuera del
marco europeo?

La firma electrónica es un sistema que permite estar interconectado a través
de las operaciones comerciales internacionales. El **reto actual** está en poder
generar la **infraestructura** necesaria **global** para completar un sistema global sólido, pero que además brinde la posibilidad de que los **certificados
de firma electrónica** sean **válidos** entre los diferentes **países del mundo.**

Imagen que muestra el mapa interactivo del escenario de la firma electrónica a nivel mundial. Fuente: https://blog.mifiel.com/firma-electronica-avanzada-en-el-mundo/#Firmar_electronicamente_con_personas_de_otros_paises

NOTA

Ya no solo dispones de la información necesaria para obtener tu certificado electrónico y operar con él, sino que además cuentas con alguna pista importante de lo que se avecina y que tiene que ver con la transformación digital de la sociedad global.

TAREA 4

Ante las reticencias que presenta la ciudadanía para disponer de un certificado electrónico, el Gobierno ha decidido contratar a una especialista en *marketing* para que pueda crear una campaña que impulse la solicitud de certificados electrónicos y su manejo. Sin embargo, tras un estudio previo, se concluye que la mayoría de las personas no distinguen la firma electrónica del certificado.

Continúa en página siguiente >>

<< Viene de página anterior

Con estos datos, deberás ayudar, estableciendo las diferencias entre la firma electrónica y el certificado electrónico, y explicar el tándem que conforman la relación entre ambas herramientas. Además, tendrás que explicar, de manera sencilla, el procedimiento para obtener el certificado electrónico.

10. Resumen

Las cualidades atribuidas a la firma electrónica no serán viables sin la existencia del **certificado electrónico,** ya que sin él no es posible firmar documentos electrónicamente.

Mientras que la firma digital o electrónica se basa en una información cifrada con una **clave pública** que únicamente podrá ser descifrada haciendo uso de la **clave privada** asociada, el **certificado electrónico** es el **archivo informático** que contiene la **clave pública** proporcionada por la autoridad de certificación.

- El certificado electrónico es un archivo informático que contiene datos proporcionados por la entidad certificadora.

La entidad que expide certificados electrónicos se denomina **prestador de servicios electrónicos de confianza** y pueden ser de dos tipos:

Tipos de prestadores de servicios electrónicos de confianza
- Prestador **cualificado** de servicios electrónicos de confianza. - Prestador **no cualificado** de servicios electrónicos de confianza.

Los **prestadores cualificados,** a diferencia de los no cualificados, deben responder a los requisitos establecidos en el Reglamento (UE) 910/2014.

Los certificados electrónicos emitidos por estos prestadores de servicios pueden ser de diferentes clases, según diversos tipos:

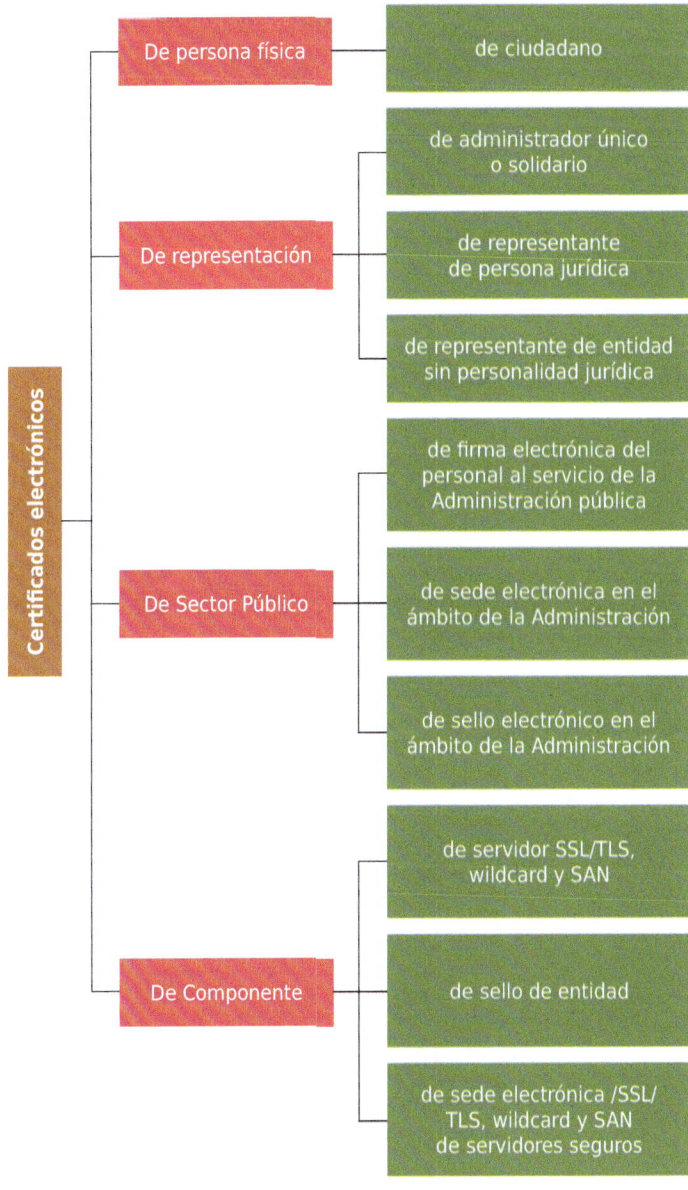

Con todo ello, y para que un usuario pueda **obtener un certificado electrónico cualificado,** para que este sea válido para multitud de gestiones *online* tendrá que realizar este trayecto:

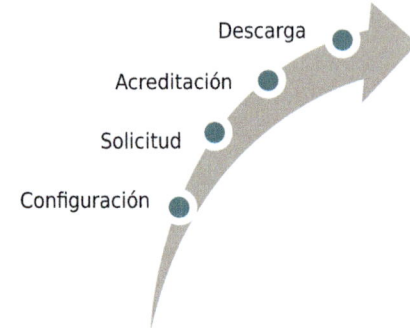

Una vez que el usuario obtenga este tipo de certificado, le ofrecerá garantías tan importantes como estas:

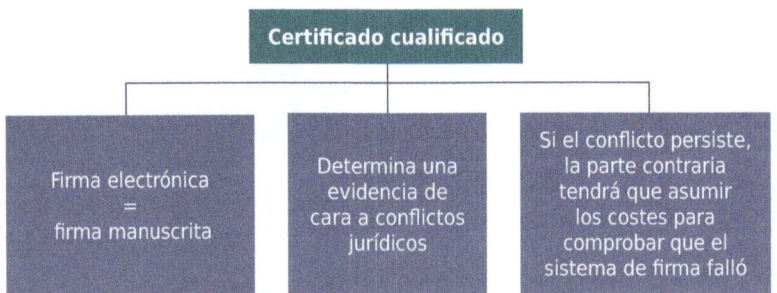

Ejercicios de autoevaluación
Unidad de Aprendizaje 4

1. Indica si las siguientes afirmaciones son verdaderas o falsas:

a. El certificado electrónico hace posible que la firma electrónica identifique al titular inequívocamente, asegure que el documento sea íntegro y garantice el no repudio.

- Verdadero
- Falso

b. Gracias a la firma digital, es viable el certificado electrónico.

- Verdadero
- Falso

c. En el certificado electrónico no aparece la clave pública.

- Verdadero
- Falso

2. El certificado electrónico...

a. ... es un archivo informático.
b. ... contiene la clave pública.
c. ... tiene asociada una clave privada
d. Todas las opciones son correctas.

3. eIDAS es:

a. La Ley 59/2003, de 19 de diciembre, de Firma Electrónica.
b. El Reglamento (UE) 910/2014, de 23 de julio, relativo a la identificación electrónica y los servicios de confianza para las transacciones electrónicas en el mercado interior y por la que se deroga la Directiva 1999/93/CE, que estructura y organiza la información que contiene y cómo se guarda.
c. La Directiva 1999/93/CE del Parlamento Europeo y del Consejo por la que se establece un marco comunitario para la firma electrónica.
d. Todas las opciones son incorrectas.

4. Un prestador de servicios electrónicos de confianza es:

    a. Un prestador cualificado de servicios electrónicos de confianza.

    b. Un prestador no cualificado de servicios electrónicos de confianza.

    c. Una entidad de certificación autorizada para emitir certificados electrónicos.

    d. Todas las opciones son correctas.

5. La función principal de un organismo de supervisión es…

    a. … velar por los intereses de los prestadores de servicios de confianza.

    b. … verificar que los prestadores de servicios de confianza cualificados cumplen con lo establecido en la normativa.

    c. … dictar la norma que regula la firma electrónica.

    d. Todas las opciones son incorrectas.

6. ¿Qué certificado puede solicitar el representante de una S. L. cuando cumple los requisitos de representatividad legales?

    a. Certificado Ciudadano

    b. Certificado de persona física

    c. Certificado de administrador único o solidario

    d. Certificado de sello de entidad

7. El certificado que puede ser almacenado en una tarjeta criptográfica con chip electrónico se denomina…

    a. … certificado criptográfico.

    b. … certificado *software*.

    c. … certificado *hardware*.

    d. Todas las opciones son incorrectas.

8. **La parte del proceso del ciclo de vida de un certificado que instalamos en el navegador previamente descargado en un dispositivo de almacenamiento externo o interno del ordenador, se denomina…**

   a. … obtención.
   b. … instalación.
   c. … importar.
   d. … exportar.

9. **La suspensión del certificado significa que…**

   a. … anula la validez del certificado durante su periodo de vigencia si se sospecha de pérdida, robo o manipulación por terceras personas.
   b. … finaliza el periodo de validez.
   c. … deja sin efecto la validez del certificado durante un plazo determinado de tiempo.
   d. … quita definitivamente el certificado de una tarjeta criptográfica o del ordenador, dejándolo sin efecto a no ser que se haya procedido con anterioridad a realizar una copia de seguridad.

10. **La extinción de la vigencia de un certificado electrónico puede venir dada por…**

    a. … su utilización indebida.
    b. … por decisión administrativa o resolución judicial.
    c. … por fallecimiento.
    d. Todas las opciones son correctas.

La facturación electrónica

Contenido

Objetivos

El objetivo general de esta Unidad de Aprendizaje es:

→ Poner en valor la implantación de la factura electrónica en empresas, abordando todos los aspectos relevantes relativos a la facturación electrónica, así como sus requisitos. También tratar las garantías que ofrece la factura electrónica tanto para el emisor como para el receptor de la misma, e igualmente las obligaciones de estos en el procedimiento de facturación valorando diferentes escenarios en el contexto de la facturación digital.

Los objetivos específicos de esta Unidad de Aprendizaje son:

→ Identificar los requisitos, condicionantes y certificados adecuados para poder implantar un sistema de facturación electrónica.

→ Conocer las obligaciones del sistema de facturas online tanto para el emisor como el receptor de las mismas.

→ Diferenciar los distintos formatos de facturas.

→ Reconocer plataformas de facturación electrónica.

1. Introducción

Gracias a la **innovación tecnológica** ha sido posible implantar en las organizaciones, empresas y negocios **nuevos modelos de gestión.**

Estos avances han incluido la **digitalización** de muchas **tareas ordinarias,** como es el caso de la facturación. En España, es posible **facturar electrónicamente** desde hace ya algunos años, sin embargo, no es un **aspecto** tecnológico sino **legal** el que **influye** directamente en la **implantación** o no de la factura electrónica en las contabilidades empresariales.

Estos y otros aspectos serán analizados en esta última unidad, de tal manera que pueda aclararse todo el entramado que conlleva este ecosistema de facturación electrónica.

Para el desarrollo del contenido, nos seguiremos basando en el caso de Gala, una joven estudiante y emprendedora, que recientemente ha descubierto cómo firmar documentos electrónicamente, y cómo realizar numerosos trámites *online*. Ahora pretende conocer los requisitos para comenzar a facturar *online,* con su nuevo y recién estrenado negocio, un estudio de diseño urbano con altísimo componente social hacia la sostenibilidad.

2. Qué es la facturación electrónica

☞ HILO CONDUCTOR

Por fin la idea de negocio de Gala ya es una realidad. Durante mucho tiempo ha estado asistiendo a diversos eventos que le han impulsado a materializarla. Además, el miedo a los trámites administrativos ha sido resuelto fácilmente con la ayuda de su ya estrenada firma electrónica, que le ha permitido gestionar la apertura del negocio con total agilidad. Ahora se enfrenta a nuevos retos. Entre ellos, conocer todos aquellos aspectos relativos a la facturación *online*. Gala quiere seguir aprovechando este gran ecosistema digital.

Con el acceso a la firma electrónica, los negocios abren la puerta a un mundo de posibilidades. Entre ellas, la oportunidad de **facturar electrónicamente.** Un hecho que pone de manifiesto que técnicamente es posible generar una **factura electrónica** adaptada a la normativa para que tenga **validez legal.**

 **DEFINICIÓN**

Factura electrónica *(e-factura)*
Documento electrónico firmado digitalmente con un certificado reconocido y que equivale funcionalmente a la factura en papel. Este documento responde igualmente como justificante de entrega de productos o de la prestación de servicios, pero, utilizando un sistema de procesamiento y transmisión entre el emisor y receptor a través de medios telemáticos, se garantizan los requisitos establecidos en la ley para tal cuestión.

2.1. ¿Cómo se garantiza la autenticidad del emisor y la integridad del contenido?

Aunque más adelante podrás valorar las numerosas ventajas que ofrece facturar de forma electrónica, lo verdaderamente importante en este momento es que conozcas que, gracias a los **requisitos legales** exigidos, a la **factura electrónica** se le atribuye un elemento **tributario** para el **emisor**.

En este sentido, el sistema informático utilizado en la expedición de la factura debe cumplir con los requisitos del Reglamento recogido en el Real Decreto 1007/2023, de 5 de diciembre. De esta forma, se hará posible que se den conjuntamente estas dos circunstancias:

Garantiza la **autenticidad** de su origen

Garantiza la **integridad** de su contenido

3. Elementos sobre la factura electrónica

☞ HILO CONDUCTOR

¿Qué aspectos tendrá que tener en cuenta Gala si quiere que sus primeras facturas electrónicas tengan la misma validez que las facturas tradicionales? Aunque aún no se ha presentado el momento de emitir la factura correspondiente, Gala empieza a recibir pequeños encargos que deberán ser facturados muy pronto.

En un primer momento, puede que pienses que una factura electrónica es un documento similar a una factura normal, pero que se representa en un formato digitalizado. Aunque esto no es así, cabe destacar que la factura electrónica es la **alternativa telemática** de una factura tradicional, pero con unos requerimientos específicos regulados por la ley.

En el aspecto legal, tendrás en cuenta **varias normativas:**

⮩ Una primera que ya hemos nombrado, y que te será útil para tratar tus facturaciones con las distintas administraciones públicas:

Ley 25/2013, de 27 de diciembre, de impulso de la factura electrónica y creación del registro contable de facturas en el sector público.

⮩ Y otra, por la que se regulan las obligaciones de facturación:

Real Decreto 1619/2012, de 30 de noviembre, por el que se aprueba el Reglamento por el que se regulan las obligaciones de facturación.

También considerarás:

Ley 56/2007, de 28 de diciembre, de Medidas de Impulso de la Sociedad de la Información. En sus artículos 1 y 2 bis se tratan las medidas de impulso de la factura electrónica y las características de su cumplimiento en el sector privado.

Ley 11/2021, de 9 de julio, de medidas de prevención y lucha contra el fraude fiscal. Recoge las medidas sobre los software de facturación para reducir el fraude fiscal (Sistema de Facturación Electrónica Verificable, VeriFactu).

Ley 18/2022, de 28 de septiembre de creación y crecimiento de empresas, en la que se regula en su artículo 12 y en su Disposición Final 7ª la obligatoriedad del uso de la factura electrónica de forma progresiva, a partir de la publicación del reglamento siguiente.

Real Decreto 1007/2023, de 5 de diciembre, por el que se aprueba el Reglamento que establece los requisitos que deben adoptar los sistemas y programas informáticos o electrónicos que soporten los procesos de facturación de empresarios y profesionales, y la estandarización de formatos de los registros de facturación.

Orden HAC/1177/2024, de 17 de octubre, por la que se desarrollan las especificaciones técnicas, funcionales y de contenido referidas en el Reglamento que establece los requisitos que deben adoptar los sistemas y programas informáticos o electrónicos que soporten los procesos de facturación de empresarios y profesionales, y la estandarización de formatos de los registros de facturación, aprobado por el Real Decreto 1007/2023, de 5 de diciembre.

3.1. Requisitos

Lejos de la teoría legal, continuarás este recorrido conociendo los **requisitos exigibles** para una facturación electrónica y que, sin ellos, no será posible que el **formato electrónico** de la factura disponga de **validez legal.**

Pero antes necesitarás conocer que existen unos **requisitos genéricos obligatorios,** válidos para los dos tipos de **facturas,** ya sean **electrónicas** o en **papel,** y es que en ambos documentos se deben contemplar los siguientes **campos informativos:**

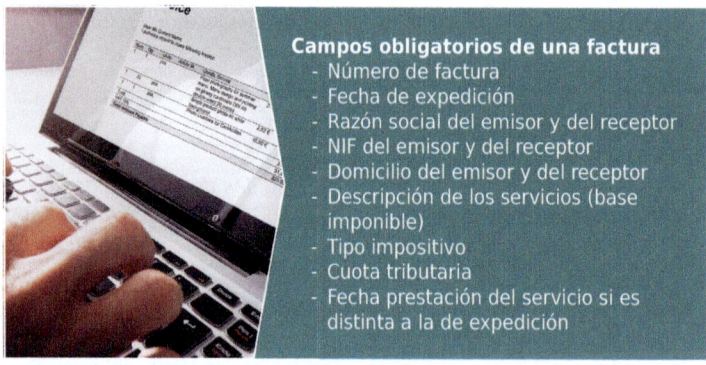

Campos obligatorios de una factura
- Número de factura
- Fecha de expedición
- Razón social del emisor y del receptor
- NIF del emisor y del receptor
- Domicilio del emisor y del receptor
- Descripción de los servicios (base imponible)
- Tipo impositivo
- Cuota tributaria
- Fecha prestación del servicio si es distinta a la de expedición

IMPORTANTE

Si quieres que tu factura electrónica cuente con la misma validez que la factura tradicional, necesitarás que exista un consentimiento previo de las partes que intervienen (el emisor y el receptor).

Si para la expedición de las facturas se utilizan los sistemas informáticos regulados en el artículo 7 del Reglamento del Real Decreto 1007/2023, estas han de incluir además:

a. *La representación gráfica del contenido parcial de la factura mediante un código "QR".*
   En el caso de que la factura sea electrónica, la representación gráfica podrá ser sustituida por el contenido que representa el código "QR".
b. *Estas facturas, sean electrónicas o no, incorporarán además la frase "Factura verificable en la sede electrónica de la AEAT" o "VERI∗FACTU" únicamente en aquellos casos en los que el sistema informático realice la remisión de todos los registros de facturación a la Agencia Estatal de Administración Tributaria, conforme a lo dispuesto en los artículos 15 y 16 del citado Reglamento.*

3.2. Condicionantes para la realización de *e-factura*

Hasta este momento no has descubierto gran cosa, salvo este último importante requisito en el que tanto el emisor de la factura electrónica como su receptor deberán estar conforme en el medio electrónico elegido para la transmisión y recepción del documento.

Ahora bien, con la publicación del Reglamento que recoge los requisitos de los sistemas informáticos de facturación (Real Decreto 1007/2023), la empresa puede optar por utilizar un sistema informático o la aplicación informática que desarrolle la AEAT.

El sistema informático elegido debe cumplir las siguientes condiciones:

➲ Atender las normas recogidas en el reglamento y en su desarrollo, (Orden HAC/1177/2024), en la Ley General Tributaria, en el Reglamento europeo de protección de datos y en la Ley Orgánica de protección de datos española.

⮑ Generar un registro de facturación, tanto de alta como de anulación.

⮑ Cumplir que los registros de alta y anulación tengan las siguientes características:

  ◐ Garantizar su integridad, conservación, accesibilidad, legibilidad, trazabilidad e inalterabilidad.
  ◐ Tener un contenido según el reglamento (art. 10 y 11).
  ◐ Incluir una huella o "hash".
  ◐ Estar firmados electrónicamente.

3.3. Certificados adecuados para la facturación electrónica

¿Por qué es necesario utilizar un **certificado electrónico cualificado** para la facturación electrónica?

La respuesta la encontrarás en la tecnología que lleva incorporada este tipo de certificado y que ya tuviste la oportunidad de ver en unidades anteriores. También los condicionantes exigidos por la ley que, como bien sabes ya, permiten garantizar las exigencias impuestas en la regulación de la factura electrónica.

RECUERDA

Un **certificado electrónico cualificado** es un **archivo informático** creado y firmado electrónicamente por una entidad prestadora de servicios electrónicos de confianza. Cumple con unos requisitos específicos añadidos, que aportan garantías de los servicios que presta y fiabilidad de los mismos, todo ello exigido por la ley:

Identifica al firmante

Verifica la **integridad** del documento firmado electrónicamente

Continúa en página siguiente >>

<< Viene de página anterior

Garantiza el **no repudio**

El prestador de servicios de confianza participará como un tercero que vela y garantiza este cumplimiento.

Dicho esto, comprobarás que la funcionabilidad de un certificado electrónico cualificado reporta las garantías suficientes (identificación, autenticación, firma, sello, etc.) a la facturación electrónica, no pudiendo ser de otra manera.

4. Emisor y receptor

 HILO CONDUCTOR

Hasta ahora Gala no se ha topado con ningún inconveniente para implantar en su negocio un sistema de facturación electrónica. Sin embargo, necesitará algo más de tiempo para conformar todos los detalles que requiere este procedimiento. Cuenta con algo a su favor, y es que la gran mayoría de las empresas y clientes con los que tendrá relaciones comerciales y que ya conoce están ya habituados a trabajar bajo este sistema de facturación electrónica.

Adicionalmente a los requisitos y condicionantes anteriormente mencionados para la **facturación electrónica,** también nacen **otras exigencias** atribuidas a los dos **actores** que intervienen en el proceso: **el emisor** y **el receptor.**

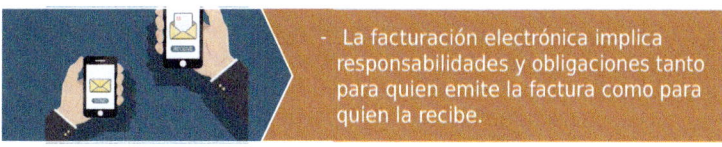

- La facturación electrónica implica responsabilidades y obligaciones tanto para quien emite la factura como para quien la recibe.

¡Descubre estas exigencias a continuación!

4.1. Obligaciones de la e-factura para el emisor o expedidor

Presta atención a las **obligaciones** que tiene todo **emisor** para el envío de la *e-factura:*

> **Otros requisitos de la factura electrónica**
> Exigencias para el **emisor**
>
> - El *software* de facturación utilizado debe cumplir con los requisitos mínimos del *software* antifraude recogido en el Real Decreto 1007/2023.
> - La factura ha de estar emitida y ser recibida en formato electrónico.
> - Debe tener el consentimiento previo del receptor de la factura.
> - Debe garantizar la identidad (autenticidad del origen) y la integridad del documento, a través de un medio válido.
> - Ha de cumplir con los requisitos propios de la factura normalizada.

NOTA

Determinadas empresas, como las agencias de viajes, las de telecomunicaciones y las sociedades anónimas y limitadas que contraten con la Administración pública, están obligadas a facturar electrónicamente.

4.2. Obligaciones de la *e-factura* para el receptor o destinatario

Por otra parte, las **obligaciones** que tendrá que asumir el **receptor** de las facturas electrónicas recibidas telemáticamente son estas:

Otros requisitos de la factura electrónica
Exigencias para el **receptor**
- Debe disponer del programa adecuado para validar la factura atendiendo al tipo de formato de generación del documento. Este programa ha de cumplir con lo recogido en el Reglamento del Real Decreto 1007/2023.
- Debe almacenar las facturas recibidas telemáticamente (documento y firma).
- Ha de informar al emisor sobre si acepta o no la factura y su fecha; y sobre el pago íntegro de la misma y su fecha.

 **APLICACIÓN PRÁCTICA**

Joaquín es el jefe del departamento de contabilidad de una empresa de productos químicos. Dado el incremento de facturación en el último año y la posibilidad de trabajar con el ayuntamiento, ha decidido contemplar la posibilidad de implantar una solución de facturación electrónica. Pero le surgen varias dudas relacionadas con los requerimientos. ¿Podrías ayudar a Joaquín identificando las obligaciones que le corresponderían al emisor y al receptor de las *e-facturas?*

a. Es requisito imprescindible obtener el consentimiento.
b. Debe disponer del programa adecuado para validar la factura atendiendo al tipo de formato de generación del documento.

Solución

El consentimiento para la facturación electrónica debe ser mutuo, pero será el emisor quien esté obligado a solicitar el beneplácito del receptor, por lo que el emisor debe obtener el consentimiento previo del receptor.

Por otra parte, el receptor ha de disponer del programa de facturación adecuado que cumpla con los requisitos del Real Decreto 1007/2023 y que permita validar las facturas electrónicas recibidas, según el tipo de formato de generación del documento. Estos sistemas han de cumplir con los requisitos técnicos funcionales y de contenido recogidos en la Orden HAC/1177/2024.

5. Ventajas e inconvenientes

☞ HILO CONDUCTOR

Nuestra feliz emprendedora aprovechará las buenas relaciones profesionales que tiene ya consolidadas a través de los numerosos eventos a los que ha acudido para preguntar qué ventajas y sobre todo qué inconvenientes puede toparse al tratar de gestionar electrónicamente las futuras facturas.

- -

Como ocurre en todas las decisiones empresariales, implantar un sistema de facturación electrónica en tu negocio o en la empresa implica que disfrutarás de grandes **ventajas;** sin embargo, también reúne algún **inconveniente** que te interesará conocer.

Ventajas	Inconvenientes
- Reducción de tiempo - Eliminación de tareas - Eliminación de papel, etc.	- Costes de implantación

¿Te parece bien comenzar conociendo las **ventajas de la factura electrónica** frente a la tradicional?

- ⊃ Reducción de costes de gestión, con la eliminación del papel y el ahorro en tiempo.
- ⊃ Aumento de la seguridad en el proceso de facturación.
- ⊃ Optimización del proceso de facturación.
- ⊃ Automatización de procesos relacionados con la facturación.

✎ NOTA

A mayor volumen de facturación, mayores beneficios reportará a la empresa este tipo de facturación.

- -

Con la factura electrónica, se evitan errores y pérdida de documentación. Además, si fuera necesario realizar algún tipo de modificación sobre la factura electrónica creada, la inicial quedará totalmente invalidada.

Como consecuencia, todos los procesos de gestión de las facturas como son la emisión, recepción, modificaciones, rechazos, etc., quedan realmente reducidos en tiempo y en seguridad, por no decir en aquellos casos donde la factura tradicional tiene que viajar a muchos kilómetros de distancia.

Recuerda que, desde la publicación de la Ley 9/2017, de 8 de noviembre, de Contratos del Sector Público, por la que se transponen al ordenamiento jurídico español las Directivas del Parlamento Europeo y del Consejo 2014/23/ UE y 2014/24/UE, de 26 de febrero de 2014, es obligatorio que todas aquellas empresas que facturan a la Administración pública lo realicen por este procedimiento telemático.

IMPORTANTE

Facturar electrónicamente a la Administración pública implica un gran beneficio para la empresa, puesto que el cobro de la factura se anticipa en el tiempo, debido a la simplificación de las gestiones. La empresa, además, puede en todo momento realizar el seguimiento de la evolución de su factura desde el momento que la envía hasta su cobro.

- -

Resolvamos las dudas ahora sobre el **inconveniente** principal.

Inconveniente de la facturación electrónica
- Es evidente que uno de los principales objetivos que persigue este proceso de facturación es la simplificación de todas las gestiones inherentes. Desde el enfoque de un profesional individual que se limita a firmar las facturas electrónicamente y enviarlas por correo electrónico a su destinatario, no implicaría cambios profundos, ya que la propia fórmula de transmisión es prácticamente inmediata. Sin embargo, a medida que aumenta la complejidad del trabajo y buscas simplificar la operativa, surge el inconveniente de adecuar el entorno informático de la contabilidad mediante *software* específico que implica un coste económico y de tiempo.

Tal y como se ha comentado, el receptor debe disponer del programa adecuado para validar la factura, atendiendo al tipo de formato de generación del documento. Aquí radica una dificultad que podría calificarse como principal **inconveniente.**

 CONSEJO

Estos inconvenientes pueden originarse igualmente en proyectos de implantación de facturas electrónicas por el emisor, así que cada negocio requerirá cubrir necesidades diferentes, por lo que es difícil determinar el precio de una solución de facturación electrónica integral a medida. A mayor nivel de complejidad, mayor será el coste, por lo que te recomendamos que comiences con sencillos programas que, a modo de aplicaciones web, pueden perfectamente emitir facturas a un precio mensual muy razonable. De estas cuestiones hablaremos más adelante.

6. Tipos de facturas

☞ **HILO CONDUCTOR**

De los numerosos consejos que ha recibido, Gala concluye que optará por una solución de facturación electrónica lo más sencilla posible. Sin embargo, sus miras de negocio hacen que no se desanime por querer conocer otras fórmulas de facturación mucho más robustas. Probablemente, a medio plazo, la empresa requerirá establecer relaciones comerciales con compañías europeas, y seguro que manejan soluciones de facturación muy específicas.

Como bien ya sabes, la **transmisión** de una **factura telemáticamente** firmada (de un ordenar a otro o desde cualquier dispositivo móvil), con un **certificado cualificado** desde un **emisor** a un **receptor** mediante un **fichero informático,** se denomina **factura electrónica.**

Ahora bien, existen diferentes **tipos de facturas** atendiendo al fichero informático que, como "contenedor" o "almacén", recoge el contenido de la factura antes de ser firmada electrónicamente.

Para que comprendas esto mucho mejor, fíjate en el siguiente planteamiento:

 **EJEMPLO**

Piensa en una urbanización donde existen muchas viviendas con diferentes diseños. Imagina que puedes coger una con la mano. Ahora ponla boca abajo. Como podrás comprobar todos los muebles, cuadros, mobiliario, etc., de esta casa se caerán por el efecto de la gravedad. Todo lo que caiga lo llamaremos **contenido.** Sin embargo, hay otra parte importante de la casa que no caerá. Es el caso de las paredes, el techo y el suelo; todo ello permanecerá inalterado como un compartimento estanco a modo de contenedor. Esta parte de la casa se llamará **continente** o **contenedor.**

6.1. Formatos de factura

Pues bien, después de este ejemplo, volverás a la factura electrónica y prestarás atención a la siguiente reflexión donde se extraen las siguientes conclusiones:

- El contenido es la factura

- El continente es el archivo informático que almacena a modo de "contenedor" dicha factura

Este almacén tiene unas **características concretas** que marcan la diferencia (cada vivienda de la urbanización tiene un diseño exterior distinto).

Por tanto, la arquitectura de los diferentes tipos de archivo informático vendrá definida por el tipo de **lenguaje programático** con el que está creado: HTML, XML, etc., y determinará el formato de la factura electrónica elegida.

NOTA

En principio la variedad de tipos de formatos de factura electrónica no tendrá ninguna transcendencia siempre y cuando todos puedan ser firmados electrónicamente mediante un certificado cualificado. Este último elemento es el que consigue dotar de validez legal a la factura electrónica.

SABÍAS QUE...

Existe también otra clasificación de facturas electrónicas que las divide en estructuradas y no estructuradas. Las primeras son aquellas que pueden enviarse automáticamente con soluciones informáticas de facturación electrónica, y las segundas son aquellas otras presentadas en forma de imagen (escaneo de facturas físicas) y cuyo procesamiento tendrá que realizarse manualmente, ya que son formatos complicados para ser leídos de forma informática. También es posible disponer de una solución compleja de facturación de firma que admita este tipo de formato y lo procese de forma automática.

6.2. Escenarios de emisión y recepción de facturas telemáticas

Debido a la diversidad de empresas, organizaciones, Administraciones y profesionales que forman parte del contexto de la facturación electrónica, se presentan diversos escenarios que pueden resumir **tres** funcionales **fórmulas** de **facturación telemática:**

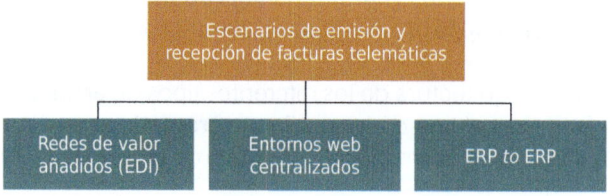

Redes de valor añadido (EDI)

En este escenario, las soluciones están fundamentadas en el uso de las llamadas **estaciones EDI** y el **sistema centralizado ERP.**

 **DEFINICIÓN**

Estaciones EDI
Son soluciones de servicios de telecomunicación que cumplen las expectativas de los actuales requerimientos de comunicaciones telemáticas. Sus siglas EDI responden a Intercambio Electrónico de Datos, y su principal característica es la velocidad de transmisión y validez de formato de documentos.

Sistema centralizado ERP
Cuyas iniciales traducidas del inglés responden a Planificación de Recursos Empresariales, es un sistema global de información compuesto de varios subsistemas a través del cual una empresa integra muchas de las operaciones que se gestionan en ella, principalmente relacionadas con inventarios, logística, etc.

 **NOTA**

Adoptar esta fórmula para las empresas implica un alto coste económico, por lo que suelen estar implementadas en sectores que requieren gran operatividad, como son los industriales, farmacéuticos y el sector de la industria del automóvil.

Sus principales **inconvenientes** son:

Inconvenientes de las redes de valor añadido (EDI)
- Tanto el emisor como el receptor requieren de un EDI.
- No son aconsejables para pequeños volúmenes de facturación por el coste de implantación.
- No todos los procesos son automáticos. Algunos formatos de factura requieren una gestión manual.
- En ocasiones es necesario que un tercero vele las transacciones para que puedan considerarse válidas.

Entornos web centralizados

En este otro escenario se presenta una solución evolucionada de la anterior a través de **servicios web** y un **gestor centralizado.**

Este segundo escenario es similar al anterior, pero la solución está integrada en una aplicación web o a través de un acceso directo por el navegador.

Inconvenientes de los entornos web centralizados
- Es el receptor quien tiene que asumir la solución. - La solución es válida para un cliente, por lo que dificulta a los proveedores la gestión, ya que tienen que adaptarse a diferentes clientes. - Existe una duplicidad de gestión, pues los proveedores deben emitir factura en un programa para alinearla con su sistema contable y posteriormente incluir de nuevo los datos de la factura en el espacio habilitado del cliente. - En ocasiones es necesario el reenvío de factura en papel si no se cumple con los requisitos legales establecidos.

ERP *to* ERP

El tercer escenario presenta una solución de facturación telemática, que permite la emisión y la recepción de las facturas *online* mediante programas comerciales o **aplicaciones** de **gestión.**

Esta última opción se basa en una fórmula abierta que permite enviar y recibir facturas electrónicas a cualquier perfil de empresa o cliente, con la ventaja de no tener que habilitar ninguna solución informática. El formato estándar admitido es el XML y el proceso puede ser representado de esta forma:

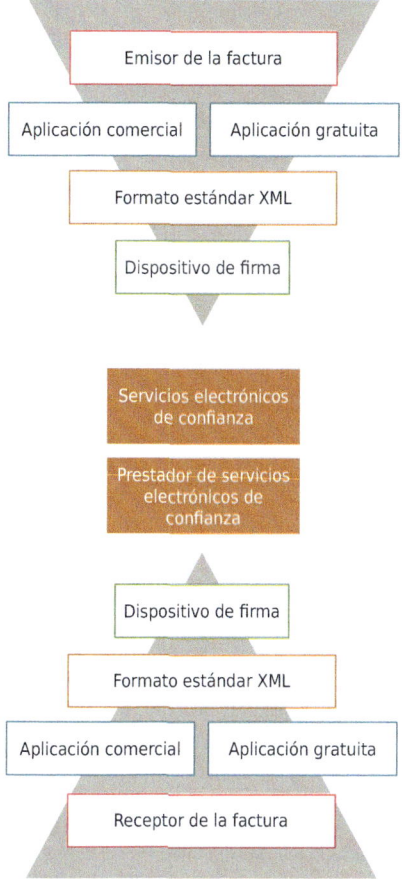

El principal **inconveniente** de esta fórmula es que en alguna ocasión es posible requerir de una autoridad de certificación para que realice las labores de cotejo y notariado de los trámites. También puedes encontrarte con alguna reticencia de empresas al uso de este modelo abierto.

 ## ACTIVIDAD COMPLEMENTARIA

5. Carlos es contable de una pyme. Hasta ahora no han decidido implantar una solución de facturación electrónica y está decidido en defender ante su jefe la fórmula de facturación telemática que, a su entender, es la más óptima para el perfil de su empresa.

Continúa en página siguiente >>

<< Viene de página anterior

Teniendo en cuenta un escenario de emisión y recepción de facturas telemáticas bajo el modelo ERP *to* ERP, ¿podrías indicar por qué este pudiera ser factible y ventajoso para una pequeña o mediana empresa como la de Carlos?

6.3. Digitalización certificada o conservación por medios electrónicos de facturas recibidas en papel

A día de hoy todavía es posible combinar métodos tradicionales de facturación en papel con estos otros orientados a la facturación electrónica. Sin embargo, a partir de 2025, y de forma progresiva, la emisión y recepción de las facturas en formato electrónico será obligatoria para determinadas empresas.

Pero puede darse el caso que aun habiéndote esforzado en digitalizar tu negocio, sigas recibiendo facturas en papel. En este sentido, ¿cómo debes proceder con estas facturas?

SOFTWARE DE DIGITALIZACIÓN

- Gracias al servicio de digitalización certificada de facturas verificado por la AEAT, es posible eliminar definitivamente todas las facturas en papel. También ofrece la posibilidad de digitalizar todo tipo de documentos como *tickets*, etc. Este servicio ofrece numerosas ventajas, entre ellas, la fiabilidad. Los negocios pueden disponer de él, ahorrando costes importantes y evitando también destinar espacios físicos para el almacenamiento. Esta fórmula garantiza poder aportar una copia digital en caso de requerimiento de la autoridad tributaria y es una excelente solución para grandes empresas y también para aquellos negocios o pymes que poco a poco van incrementando el volumen de facturación.
- Puedes solicitar la homologación del *software* de digitalización certificada a través de:
  - Un auditor externo que certifique el cumplimiento de los requisitos legales del *software*.
  - Aportar un documento que incluya: descripción técnica, plan de gestión que figure manual de mantenimiento, recursos, características y funcionalidades.
- La AEAT validará mediante la homologación del *software* si se cumple con las exigencias establecidas en la **Resolución de 24 de octubre de 2007, de la Agencia Estatal de Administración Tributaria, sobre procedimiento para la homologación de software de digitalización contemplado en la Orden EHA/962/2007, de 10 de abril de 2007.**

 **IMPORTANTE**

La **digitalización certificada** de facturas es un procedimiento que **dota** de **validez legal** a facturas de papel digitalizadas ante la autoridad tributaria para ser emitidas telemáticamente.

- -

Si quieres conocer cómo funciona una solución comercial de digitalización homologada, no dejes de ver el siguiente vídeo.

 VÍDEO

La firma Ricoh ofrece una interesante solución comercial para la digitalización de facturas en papel y gestión de facturas telemáticas.

https://redirectoronline.com/adgn145po0501

- -

7. Ejemplos de facturas electrónicas

 HILO CONDUCTOR

Parece que todo va viento en popa. Gala iniciará su actividad profesional, digitalizando todas aquellas facturas que reciba en papel. Está contenta de saber que no es la única que sueña en poder convivir en una sociedad que mire y vele por el medioambiente. Esta inteligente y previsora emprendedora sabe que sus

Continúa en página siguiente >>

<< Viene de página anterior

clientes potenciales provienen tanto del sector privado como del público. Indaga y comprueba si es posible encontrar una solución de facturación electrónica que englobe servicios para ambos tipos de compradores.

Existen diferentes formas de generar una factura electrónica. El modelo resultante dependerá de la solución elegida. Esta puede ser una solución comercial o bien una solución que ofrezca un servicio para las relaciones con la Administración pública.

Seguidamente vas a conocer el *software* de facturación electrónica **MiFactura-e,** cuyo formato es el único aceptado por las Administraciones públicas, por lo que las empresas que mantengan estas relaciones comerciales estarán obligadas a utilizarlo.

La aplicación MiFactura-e ha sido desarrollada por el Ministerio como solución cómoda y eficaz para pymes.

7.1. Factura XML *Factura-e*

Si quieres conocer cómo se genera una factura mediante el formato *Factura-e,* puedes consultar el siguiente vídeo explicativo.

https://redirectoronline.com/adgn145po0522

Si te has decidido por la aplicación *MiFactura-e,* utiliza el código QR para obtener más información sobre cómo instalarla:

Aplicación *MiFactura-e*

https://redirectoronline.com/adgn145po0523

 PARA SABER MÁS

Si estás interesado en conocer otros servicios *online* relacionados con *MiFactura-e*, no dejes de consultar en el siguiente enlace:

https://redirectoronline.com/adgn145po0524

7.2. *Add-in en Office*

Es bueno que conozcas que existe la posibilidad de incorporar un complemento a las soluciones *Office* instaladas en tu ordenador. Esto te permitirá gestionar facturas desde tu propio escritorio. Este *Add-in* (complemento) en *Office* posibilita la administración de facturas en formato XML, cumpliendo con los requisitos normativos.

SABÍAS QUE...

Hace ya tiempo las grandes compañías mostraron interés en incorporar este tipo de servicios a sus productos *Office,* siendo un ejemplo de ello *Offinvoice,* una add-in de *Microsoft Word* 2010.

7.3. Plataformas de facturación electrónica

Aunque en el mercado existe infinidad de **plataformas** de **facturación electrónica,** vas a conocer a continuación un ejemplo de una solución comercial que puede englobar las prestaciones necesarias para un negocio cambiante. Esta plataforma de facturación es capaz de adaptarse al actual paradigma empresarial, donde prácticamente todo en una empresa está digitalizado.

Desde la **plataforma de facturación electrónica SERES,** es posible gestionar telemáticamente facturas dirigidas tanto a clientes privados como a la Administración pública, ya que esta solución integra la solución *e-Factura.*

EJEMPLO

SERES es una solución de factura electrónica que agrupa en un mismo medio todos los servicios y recursos necesarios para el intercambio de facturas digitales.

Esquema de los servicios de facturación electrónica de SERES

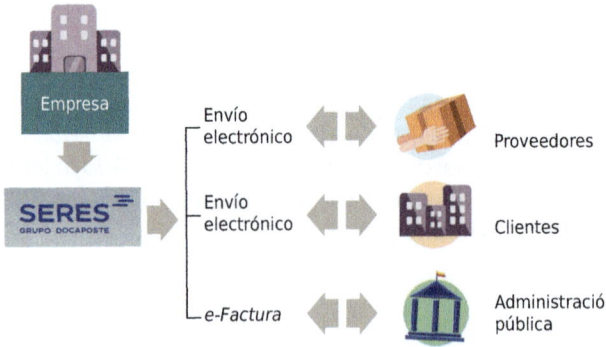

SERES: Solución *e-Factura*. Más que una plataforma de intercambio de factura electrónica, más allá del compliance.

https://redirectoronline.com/adgn145po0515

PARA SABER MÁS

Si quieres conocer otros programas de facturación, consulta el siguiente enlace:

https://redirectoronline.com/adgn145po0505

---

8. Infracciones y sanciones relacionadas con la facturación electrónica

☞ HILO CONDUCTOR

Como emprendedora, Gala es conocedora de lo importante que resulta estar preparada para afrontar todos los retos que se le avecinan. La información es vital para minimizar los errores, y aunque de los errores se aprende, ella no está dispuesta a cometerlos por falta de información.

Al igual que ocurre con el sistema de facturación tradicional, la facturación electrónica no implica la liberación de obligaciones. En los siguientes apartados conocerás las **infracciones** y **sanciones** tributarias relacionadas con la facturación electrónica reguladas por la **Ley 58/2003, de 17 de diciembre, General Tributaria.**

8.1. Infracción tributaria por incumplir obligaciones contables y registrales

Esta infracción está recogida en el **artículo 200** de la **Ley General Tributaria.** Las sanciones económicas corresponden a multas que pueden oscilar **entre 150 € y 6.000 €.**

Entre las obligaciones contables y registrales están:

a. *La inexactitud u omisión de operaciones en la contabilidad o en los libros y registros exigidos por las normas tributarias.*

b. *La utilización de cuentas con significado distinto del que les corresponda, según su naturaleza, que dificulte la comprobación de la situación tributaria del obligado.*

c. *El incumplimiento de la obligación de llevar o conservar la contabilidad, los libros y registros establecidos por las normas tributarias, los programas y archivos informáticos que les sirvan de soporte y los sistemas de codificación utilizados.*

d. *La llevanza de contabilidades distintas referidas a una misma actividad y ejercicio económico que dificulten el conocimiento de la verdadera situación del obligado tributario.*

e. *El retraso en más de cuatro meses en la llevanza de la contabilidad o de los libros y registros establecidos por las normas tributarias.*

f. *La autorización de libros y registros sin haber sido diligenciados o habilitados por la Administración cuando la normativa tributaria o aduanera exija dicho requisito.*

g. *El retraso en la obligación de llevar los Libros Registro a través de la Sede electrónica de la Agencia Estatal de Administración Tributaria mediante el suministro de los registros de facturación en los términos establecidos reglamentariamente.*

NOTA

El uso de libros contables o registros exigidos que no hayan sido habilitados por la Administración será sancionado con una multa de 300 €; también el retraso del registro de apuntes contables de más de cuatro meses será sancionado con esta misma cantidad económica. Sin embargo, si la contabilidad referida a una misma actividad y ejercicio dificulta su lectura y entendimiento, el sujeto obligado tendrá que soportar una sanción económica de 600 €.

8.2. Infracción tributaria por incumplir obligaciones de facturación o documentación

En este sentido el sujeto obligado puede incurrir en dos infracciones:

➲ Infracciones por incumplimientos sobre la expedición, remisión, rectificación y conservación de facturas:

  ◑ Sanción: 1 % del importe de las operaciones que originen la infracción.

➲ Infracciones por la no expedición o conservación de las facturas:

  ◑ Sanción: 2 % del importe de las operaciones que origen la infracción.

NOTA

Si se desconoce el importe de las operaciones, la multa será de 300 €.

8.3. Infracción tributaria por resistencia, obstrucción, excusa o negativa a las actuaciones de la Administración tributaria

Esta infracción está recogida en el **artículo 203** de la Ley General Tributaria y hace referencia a la circunstancia en la que el infractor, habiendo sido notificado, actúa de forma que dilata o entorpece para impedir actuaciones de la autoridad tributaria.

Las sanciones pueden ser diversas y van desde una multa de 150 € hasta importantes cuantías económicas, siendo consideradas faltas graves.

8.4. Resumen de las infracciones y sanciones relativas a la facturación electrónica

El deber de facturación viene a contemplar una cadena de obligaciones cuyo incumplimiento por parte del sujeto obligado incurre en una infracción tributaria objeto de sanción.

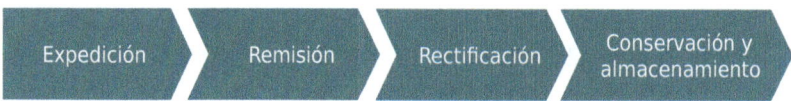

Expedición → Remisión → Rectificación → Conservación y almacenamiento

Queda establecida una clasificación de infracciones relacionadas con el deber de facturación y los sistemas informáticos utilizados:

Grave
- Incumple los requisitos de facturación exigidos en la norma: 300 € si se desconoce el importe de la operación o entre el 1 y 2 % de la suma de las operaciones.
- Incumplimientos de los sistemas informáticos de facturación: 150.000 € si existen algunas de las circunstancias recogidas en el apartado 1 del art. 201 bis de la Ley; 50.000 € cuando los sistemas no estén debidamente certificados según el art. 29.2.j de la Ley.

Muy grave
- Falsedad de documentos: 75 % del importe total de operaciones origen de infracción.

TAREA 5

Una *start-up* de Almería dedicada a la comercialización de frutas y verduras de su huerta ecológica, comienza a recibir pedidos desde fuera de su comunidad autónoma. Este negocio tiene la logística fuertemente preparada para asumir estos servicios. Sin embargo, y para agilizar el área contable y reducir el tiempo de cobro, optan por introducir las facturas online y comienzan a enviar por correo electrónico sus facturas escaneadas. Comienza a surgir algún problema cuando sus primeras facturas no son aceptadas por los destinatarios, principalmente firmas de supermercados de cierto prestigio y una ONG estatal.

Con estos datos, ¿podrías indicar qué podría causar estas incidencias que pueden poner en peligro la actividad comercial? Para ello, identifica los requisitos, condicionantes y certificados adecuados para poder implantar un sistema de facturación electrónica. Da a conocer las obligaciones del sistema de facturas *online*, tanto para el emisor como el receptor de las mismas, y diferencia los distintos formatos de facturas que pueden utilizar, así como también las plataformas para hacer viable este tipo de facturación.

---

9. Resumen

La factura electrónica es un recurso empresarial que agiliza procesos y ahorra costes.

- Técnicamente es posible generar una factura electrónica adaptada a la normativa para que tenga validez legal.

La factura electrónica se considera como un elemento tributario para el emisor, pero para ello el documento debe cumplir algunos requisitos.

Garantizar la **autenticidad** de su origen

Garantizar la **integridad** de su contenido

Aunque la factura electrónica requiere de unas exigencias especiales, existen unos **requisitos generales** atribuibles tanto para este tipo de facturas como también para las tradicionales: número de factura, fecha de expedición, razón social del emisor y del receptor, etc.

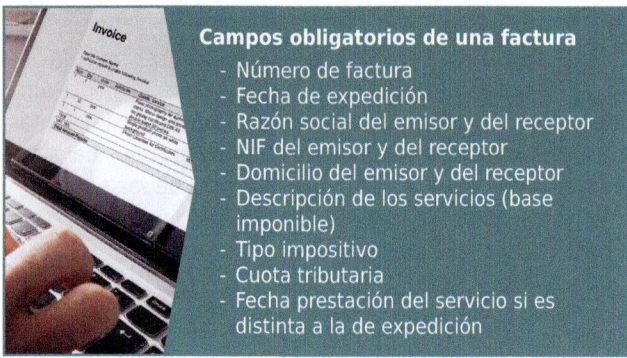

Campos obligatorios de una factura
- Número de factura
- Fecha de expedición
- Razón social del emisor y del receptor
- NIF del emisor y del receptor
- Domicilio del emisor y del receptor
- Descripción de los servicios (base imponible)
- Tipo impositivo
- Cuota tributaria
- Fecha prestación del servicio si es distinta a la de expedición

La empresa debe elegir si utilizar un sistema informático de facturación o la aplicación informática que desarrolle la AEAT. El sistema informático debe cumplir una serie de requisitos:

- ⊃ Cumplir con la normativa de facturación.
- ⊃ Ser posible de crear un registro de facturación.
- ⊃ Sus registros cumplan una serie de condicionantes.

Además de estas tres condiciones, hay unas **exigencias** que aportarán garantías al servicio de facturación electrónica en el momento de la firma del documento.

Identifica al firmante

Verifica la **integridad** del documento firmado electrónicamente

Garantiza el **no repudio**

Estas garantías no se darán si la **firma** no se realiza mediante un **certificado cualificado.**

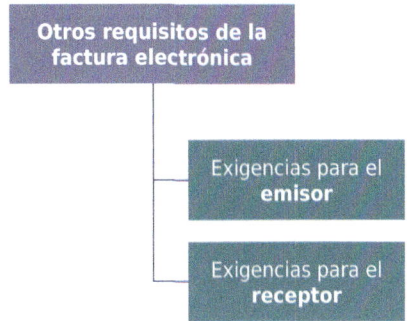

Otros requisitos de la factura electrónica

Exigencias para el **emisor**

Exigencias para el **receptor**

Implantar un sistema de facturación electrónica en el negocio o en la empresa implica cumplir con unas responsabilidades y obligaciones que permitirán disfrutar de grandes **ventajas,** aunque también conlleva algún que otro **inconveniente.**

Ventajas ✔	Inconvenientes ✘
- Reducción de tiempo - Eliminación de tareas - Eliminación de papel, etc.	- Costes de implantación

El coste de implantación de una solución de facturación electrónica vendrá condicionado por el nivel de complejidad y robustez de la misma. A mayor versatilidad, mayor será el coste de implantación, pero también más facilidad para trabajar en diferentes formatos de factura electrónica, HTML, XML, etc

Por otra parte, los distintos perfiles de empresas que conforman el contexto de la facturación electrónica dan lugar a diversos escenarios que se pueden resumir en tres modelos de facturación y que deberán contemplarse para la elección de la mejor solución.

Escenarios de emisión y recepción de facturas telemáticas

- Redes de valor añadidos (EDI)
- Entornos web centralizados
- ERP *to* ERP

Por último no hay que olvidar que la facturación electrónica está sometida igualmente al **control tributario**, por lo que se debe tener presente siempre las **obligaciones** para no incurrir en **infracciones** que conlleven importantes **sanciones** económicas.

Ejercicios de autoevaluación
Unidad de Aprendizaje 5

1. Indica si las siguientes afirmaciones son verdaderas o falsas:

a. Facturar electrónicamente en España es posible desde hace ya algunos años.

- ■ Verdadero
- ■ Falso

b. Toda factura electrónica tiene validez legal.

- ■ Verdadero
- ■ Falso

c. *e-factura* es un documento electrónico firmado digitalmente con un certificado cualificado.

- ■ Verdadero
- ■ Falso

2. La autenticidad del emisor y la integridad del contenido de una *e-factura* se garantiza gracias a...

a. ... que es un archivo informático.
b. ... una clave privada.
c. ... una clave pública.
d. Todas las opciones son incorrectas.

3. La firma electrónica cualificada...

a. ... garantiza la autenticidad del emisor.
b. ... garantiza la integridad del contenido de la factura electrónica.
c. ... garantiza la validez legal de la factura electrónica.
d. ... Todas las opciones son correctas.

4. En el contenido de una factura electrónica debe figurar...

    a. ... el domicilio del emisor y del receptor.
    b. ... la descripción de los servicios o productos.
    c. ... el número de la factura.
    d. Todas las opciones son correctas.

5. Para que una factura electrónica sea considerada como tal...

    a. ... debe ser transmitida telemáticamente.
    b. ... debe tener un formato electrónico.
    c. ... de ser firmada con una firma electrónica.
    d. Todas las opciones son correctas.

6. El certificado electrónico cualificado es un elemento necesario para la facturación electrónica porque...

    a. ... identifica al firmante.
    b. ... identifica al firmante y verifica la integridad del documento firmado electrónicamente.
    c. ... identifica al firmante, verifica la integridad del documento firmado electrónicamente y garantiza el no repudio.
    d. Todas las opciones son incorrectas.

7. La figura que participa en la facturación electrónica y que vela y garantiza para que se cumpla con la identidad del firmante, integridad del documento y el no repudio, se denomina:

    a. Emisor.
    b. Prestador de servicios electrónicos de confianza.
    c. La autoridad tributaria.
    d. Receptor.

8. Las facturas que pueden enviarse automáticamente con soluciones informáticas de facturación electrónica se denominan:

    a. Facturas digitales.
    b. Facturas electrónicas.
    c. Facturas estructuradas.
    d. Facturas no estructuradas.

9. **El sistema global de información compuesto de varios subsistemas a través del cual una empresa integra muchas de las operaciones que se gestionan en ella como inventarios, logística, etc., se denomina:**

      a. Estación EDI.
      b. ERP.
      c. Factura-e.
      d. Plataforma de facturación electrónica.

10. **La digitalización certificada de facturas es una solución a modo de:**

      a. *Software*.
      b. Sistema centralizado ERP.
      c. Estación EDI.
      d. Todas las opciones son incorrectas.

Glosario

Add-in
Complemento de *software* informático que posibilita la administración de facturas en formato XML, cumpliendo con los requisitos normativos.

Autoridad de certificación
Entidad de confianza o tercera parte confiable, además del emisor y receptor, que consigue que estos sujetos se confíen entre sí.

Caducidad del certificado electrónico
Finalización del periodo de validez del certificado.

CERES
Organismo público dependiente de la FNMT que emite certificados cualificados por gran parte de la Administración pública y brinda los servicios de certificación a empresas públicas y privadas atendiendo a los principios de la seguridad informática y de la información.

Certificado electrónico
Certificado digital firmado por un prestador de servicios electrónicos de confianza (también puede ser un DNI electrónico) que valida la identificación inequívoca de su depositario mediante dos claves de seguridad. Este certificado confirma la identidad y certifica que la firma electrónica de un documento corresponde a una persona física o jurídica concreta.

Certificado electrónico reconocido
Archivo informático creado y firmado electrónicamente por un prestador de servicios electrónicos de confianza.

Cl@ve
Plataforma de verificación telemática que identifica y autentifica a los usuarios.

Claves de seguridad
Claves que forman parte de un sistema criptográfico y cuyo objetivo es cifrar y descifrar contenido de un archivo.

Confidencialidad
Prestación de seguridad que garantiza que una información, un mensaje o unos datos no pueden ser entendidos ni legibles por alguna persona diferente que no sea su destinatario.

Criptografía
Ciencia especializada que estudia el conjunto de propiedades ocultas de un mensaje cifrado para proteger la información que contiene, aportando seguridad a este intercambio de datos entre emisores y receptores.

Datos
Elemento que contiene una información y permite acceder al conocimiento de un hecho.

Democratización
Proceso por el cual se hace accesible un elemento, objeto, servicio o prestación a la sociedad y a los individuos que la componen.

Digitalización certificada de facturas
Procedimiento que dota de validez legal a facturas de papel digitalizadas ante la autoridad tributaria para ser emitidas telemáticamente.

Eliminación de un certificado electrónico
Proceso en el que se quita definitivamente el certificado de una tarjeta criptográfica o del ordenador, dejándolo sin efecto a no ser que se haya procedido con anterioridad a realizar una copia de seguridad.

Exportar un certificado electrónico
Proceso en el que un archivo de certificado electrónico es llevado a otro medio de almacenamiento con idea de tener una copia de seguridad.

FACe
Punto General de Entrada de Facturas Electrónicas de la Administración General del Estado, permite que las empresas facturen a la Administración a través de ella.

Factura electrónica
Archivo digital o documento electrónico firmado digitalmente con un certificado cualificado y que equivale funcionalmente a la factura en papel. Este documento responde igualmente como justificante de entrega de productos o de la prestación de servicios, pero que, utilizando un sistema de

procesamiento y transmisión entre el emisor y receptor a través de medios telemáticos, garantiza los requisitos establecidos en la Ley para tal cuestión.

Firma electrónica
Procesamiento electrónico de datos que, ligado a un documento digital, da como resultado su firma electrónica. Cuenta con eficacia jurídica y presta servicios de verificación.

FNMT-RCM
Iniciales correspondientes a la Fábrica Nacional de Moneda y Timbre - Real Casa de la Moneda.

Formato avanzado de firma electrónica
Formato de firma que contiene información sobre el documento, pero además incorpora nuevos elementos tecnológicos que hacen que estos mecanismos utilicen un lenguaje programático más complejo, permitiendo el intercambio de información entre sistemas informáticos automatizados.

Formato de firma electrónica
Manera en la que se da forma al documento de firma, cómo se estructura y organiza la información que contiene y cómo se guarda.

Formato *Factura-e*
Formato de la Agencia Tributaria con firma electrónica y validación jurídica.

Función *hash*
Es un proceso informático de reducción de tamaño de datos en una porción de información.

Integridad del documento
Resultado de dotar de protección y seguridad al documento firmado electrónicamente, permaneciendo este íntegro e inalterable y no pudiendo ser manipulable posteriormente.

Instalación del certificado electrónico
Proceso en el que, una vez la autoridad de certificación ha expedido el certificado, el usuario procede a descargarlo.

Importación del certificado electrónico
Proceso en el que se instala en el navegador el certificado previamente descargado en un dispositivo de almacenamiento externo o interno del ordenador.

No repudio
Garantía que impide que, una vez firmado electrónicamente un documento, este no pueda ser repudiado por el firmante, imposibilitando la opción de no reconocerlo posteriormente.

Obtención del certificado electrónico
Proceso en el que se solicita el certificado electrónico a un prestador de servicios electrónicos de confianza.

Organismo de supervisión
Órgano que tiene la función de verificar que los prestadores de servicios de confianza cumplen con lo establecido en la normativa; es la Secretaría de Estado de Digitalización e Inteligencia Artificial.

Paradigma
Modelo o patrón seguido por una comunidad.

Paradigma digital
Nuevo concepto tecnológico en el que la tecnología digital cobra protagonismo y se asienta en el quehacer diario de las personas y las empresas.

Renovación de un certificado electrónico
Posibilidad de mantener válido el certificado siempre y cuando la renovación se realice antes de su caducidad.

Revocación de un certificado electrónico
Anula la validez del certificado durante su periodo de vigencia si se sospecha de pérdida, robo o manipulación por terceras personas.

Sellado de tiempo
Técnica probatoria para poder demostrar que un dato electrónico coexistió en un momento determinado durante el proceso de emisión, transmisión y recepción del mismo, y que jamás este fue modificado, garantizando la integridad y la exactitud de la información.

Suspensión del certificado electrónico
Permite dejar sin efecto la validez del certificado durante un plazo determinado de tiempo.

Técnica
Arte o habilidad; destrezas con las que se cuentan para realizar un trabajo o una labor.

Tecnología

Instrumentos, recursos o procedimientos procedentes de la innovación científica facilitando el progreso del campo o sector donde se apliquen.

Transformación digital

Proceso de cambio al que se somete una persona física o jurídica mediante el uso de las tecnologías.

Usuario

Persona física o jurídica que utiliza internet como medio recurrente.

Validez de un certificado electrónico:

Es el intervalo de tiempo en el que el certificado tiene validez y, por tanto, da acceso a numerosos trámites.

Validez jurídica

Alude a que un procedimiento se ajusta a derecho, alineando la práctica del proceso con la teoría de la norma.

Visión global

Capacidad que posee una persona para identificar nuevas oportunidades de negocio en un entorno global.

Bibliografía

→ Reglamento (UE) n.° 910/2014 del Parlamento Europeo y del Consejo de 23 de Julio 2014. Obtenido de: <https://www.boe.es/doue/2014/257/L00073-00114.pdf>.

> Normativa europea relativa a la identificación electrónica y los servicios de confianza para las transacciones electrónicas en el mercado interior y por la que se deroga la Directiva 1999/93/CE.

→ Ley 18/2022, de 28 de septiembre, de creación y crecimiento de empresas. Obtenido de: https://www.boe.es/buscar/act.php?id=BOE-A-2022-15818

> Normativa que regula determinados aspectos de la facturación electrónica.

→ Ley 6/2020, de 11 de noviembre, reguladora de determinados aspectos de los servicios electrónicos de confianza. Obtenido de: <https://www.boe.es/buscar/act.php?id=BOE-A-2020-14046&p=20201112&tn=2>.

> Normativa que deroga a la Ley 59/2003 de Firma electrónica y que tiene por objeto regular aspectos relacionados con los servicios electrónicos de confianza, y sirve además de complemento al Reglamento (UE) n. º 910/2014 del Parlamento Europeo y del Consejo, de 23 de julio de 2014, relativo a la identificación electrónica y los servicios de confianza para las transacciones electrónicas en el mercado interior y por el que se deroga la Directiva 1999/93/CE.

→ Ley 39/2015, de 1 de octubre, del Procedimiento Administrativo Común de las Administraciones Públicas. Obtenido de: https://www.boe.es/buscar/act.php?id=BOE-A-2015-10565

> Normativa de regulación de las relaciones del procedimiento administrativo común para las Administraciones Públicas.

→ Ley 25/2013, de 27 de diciembre, de impulso de la factura electrónica y creación del registro contable de facturas en el sector público. Obtenido de: https://www.boe.es/boe/dias/2013/12/28/pdfs/BOE-A-2013-13722.pdf

> Normativa para impulsar la mejora y la competitividad de las empresas para reducir la morosidad de las Administraciones Públicas.

→ Ley 56/2007, de 28 de diciembre, de Medidas de Impulso de la Sociedad de la Información. Obtenido de: https://www.boe.es/buscar/pdf/2007/BOE-A-2007-22440-consolidado.pdf

  Normativa para impulsar el desarrollo de la Sociedad de la Información y de convergencia con Europa y entre comunidades autónomas y ciudades autónomas, Plan Avanza, aprobado por el Gobierno en noviembre de 2005.

→ Ley 58/2003, de 17 de diciembre, General Tributaria. Obtenido de: https://www.boe.es/buscar/pdf/2003/BOE-A-2003-23186-consolidado.pdf

  Disposiciones para asegurar la implantación de procedimientos tributarios.

→ Ley 34/2002, de 11 de julio, de Servicios de la Sociedad de la Información y de Comercio Electrónico. Obtenido de: https://www.boe.es/buscar/pdf/2002/BOE-A-2002-13758-consolidado.pdf

  Normativa española para la incorporación de la directiva europea relativa a determinados aspectos de los servicios de la sociedad de la información, en particular, el comercio electrónico en el mercado interior.

→ Orden HAC/1177/2024, de 17 de octubre, por la que se desarrollan las especificaciones técnicas, funcionales y de contenido referidas en el Reglamento que establece los requisitos que deben adoptar los sistemas y programas informáticos o electrónicos que soporten los procesos de facturación de empresarios y profesionales, y la estandarización de formatos de los registros de facturación, aprobado por el Real Decreto 1007/2023, de 5 de diciembre. Obtenido de: https://www.boe.es/buscar/act.php?id=BOE-A-2024-22138

  Norma que recoge el desarrollo del Reglamento sobre los requisitos de la facturación electrónica.

→ Real Decreto 1007/2023, de 5 de diciembre, por el que se aprueba el Reglamento que establece los requisitos que deben adoptar los sistemas y programas informáticos o electrónicos que soporten los procesos de facturación de empresarios y profesionales, y la estandarización de formatos de los registros de facturación. Obtenido de: https://www.boe.es/buscar/act.php?id=BOE-A-2023-24840

  Normativa que recoge los requisitos de los sistemas informáticos de facturación.

→ Real Decreto 1619/2012, de 30 de noviembre, por el que se aprueba el Reglamento por el que se regulan las obligaciones de facturación. Obtenido de: https://www.boe.es/buscar/pdf/2012/BOE-A-2012-14696-consolidado.pdf

  Consolidación de la normativa en relación a la regulación de las obligaciones de facturación.

→ Resolución de 24 de octubre de 2007, de la Agencia Estatal de Administración Tributaria sobre procedimiento para la homologación de *software* de digitalización contemplado en la Orden EHA/962/2007, de 10 de abril de 2007. Obtenido de: https://www.boe.es/boe/dias/2007/11/01/pdfs/A44614-44615.pdf

> Normativa de regulación para la homologación de *software* de digitalización.

Textos electrónicos, bases de datos

→ Alisys (s.f.). *Sellado de tiempo*. Obtenido de: https://www.alisys.net/es/familias-de-soluciones/alisys-engineering/sellado-de-tiempo

> Solución comercial *online* para abordar el sellado de tiempo en documentos electrónicos.

→ Banco de España (s.f.). *Certificados aceptados*. Obtenido de: https://pki.bde.es/pkibde/es/menu/certaceptados/

> Página de consulta del Banco de España sobre certificados electrónicos aceptados.

→ B2Brouter. *¿Cómo añadir códigos DIR3 en la factura electrónica?* Obtenido de YouTube: https://youtu.be/IXUrMcgZZ8s

> Introducción de directorios DIR3 en la facturación electrónica>.

→ CERES - Certificación Española (s.f.). Obtenido de: https://www.cert.fnmt.es/

> Sitio web de CERES, organismo dependiente de FNMT como entidad de certificación y prestador de servicios electrónicos de confianza.

→ Fábrica Nacional de Moneda y Timbre (s.f.). *Certificados raíz de la FNMT*. Obtenido de: https://www.sede.fnmt.gob.es/descargas/certificados-raiz-de-la-fnmt

> Sitio web de la FNMT para la obtención de listado para la descarga de certificados raíz.

→ GARCÍA, J. (s.f.). *Firma electrónica avanzada para contratos internacionales*. Obtenido de:
http://blog.mifiel.com/firma-electronica-avanzada-en-el-mundo/#Firmar_electronicamente_con_personas_de_otros_paises

> Artículo que trata sobre la firma electrónica avanzada para contratos internacionales.

→ *Google Play* (s.f.). *Client e*. Obtenido de: https://play.google.com/store/apps/details?id=es.gob.afirma

> Aplicación móvil de firma electrónica.

→ López, J. M. *Soluciones online para firmar documentos digitales.* Obtenido de Blogthinkbig.com: https://blogthinkbig.com/firmar-documentos-digitales

Artículo de Blogthinking sobre cómo firmar documentos digitales.

→ MiFactura-e. Obtenido de: https://mifacturae.face.gob.es/#/publico

Sitio web del servicio de generación de facturas electrónicas.

→ *Valide.* Obtenido de: https://valide.redsara.es/valide/?

Sitio web de la aplicación *Valide* para la firma y certificados *online.*

→ *Identificación de las Administraciones Públicas.* Obtenido de Portal de Administración Electrónica: https://firmaelectronica.gob.es/Home/Empresas/Identidad-Digital.html#identificacion_administracion.

Sitio web de empresas para la identidad digital en las Administraciones Públicas.

→ Portal Administración Electrónica. *Descargas.* Obtenido de: https://firmaelectronica.gob.es/Home/Descargas.html

Sitio web de descarga de programas oficiales de firma electrónica.

→ SERES. *Solución de factura electrónica.* Obtenido de: https://www.groupseres.com/e-factura

Solución integral de facturación electrónica.

→ XOLIDO. *Uso y ejemplos de firma electrónica o digital, verificación inteligente y sellado de tiempo de documentos en mi trabajo diario.* Obtenido de: https://www.xolido.com/lang/xolidosign/modulo/faq-xolidosign-desktop/desktop-faq/441/

Ejemplos prácticos proporcionados por Xolido donde es posible advertir la utilidad práctica de la firma electrónica en sectores diversos.